仕事の神様がびいきしたくなる人の法則

井垣利英

致知出版社

はじめに

私たちは歴史上、最も恵まれた時代に生きているのに、不平不満、グチ、悪口を言い、どこか満たされない気持ちで生きている人が多いように思います。豊臣秀吉だって、飛行機に乗ったことがないのに、私たちはそれが出来る。吉田松陰だって、ものを調べるのにインターネットを使ったことがありません。

自分が置かれている環境を、プラスにとらえるのか？　マイナスにとらえるのか？　で、人生の結果が大きく異なります。

私は、学習塾を経営する父のもとに生まれました。名古屋にビルを二つ、軽井沢に合宿所を建てるなど、手広くやっていました。父に幼い頃から「お米一粒にも、神様がおられる。一粒も残さずに食べるように！」とか、時間厳守、ご縁の大切さ、身だしなみ、挨拶など……厳しくしつけられて育ちました。

その厳しさに反発し、わがまま放題のおてんば娘として育った私は、父の学習塾を継ぐのが嫌で、アナウンサーになろうと、東京の大学に入学。しかし、私が東京でアナウンサーになる夢を叶えた二十四歳の時に、そのワンマン経営者だった父が突然、脳梗塞《のうこうそく》で倒れて植物状態になり、人生が大きく変わりました。

その最も大変だった時に出会った人が、プラス思考を世に広めた「経営指導の神様」＝船井幸雄先生です。

私が二十五歳の時、船井先生に「仕事が出来る人になりたいんですが、どうしたらよいですか？」と質問すると「松下幸之助さんの勉強をしなさい」と言われ、「経営の神様」＝松下幸之助さんの本をたくさん読みました。

幸之助さんの本の中には「自分は運が強いと言い聞かせること」「自分自身を説得して、強いと信じさせる」ことが、非常に大事だと書かれていました。父が倒れて、この先の人生がどうなるのか？　家族中が大変な状態になった中で、「私は運が強いから、絶対に大丈夫！」と言い聞かせました。幸之助さんの力強いお言葉、明るく前向きな発想にどれだけ力をいただいたか分かりません。

その幸之助さんの勉強をすすめる中で、「生きる経営の神様」＝稲盛和夫さんを知りました。幸之助さんの影響を受け、経営者としても、人としても、大成功をされているお方。私は「いつか、稲盛さんに会いたい！」と、二十代半ばから思っていました。

三十二歳で、今の会社・シェリロゼを起業しました。東京と名古屋で、マナー、話し方、プラス思考、メイク、イメージアップなど内面・外見トータルの「自分磨きスクール」と、企業での「社員研修」を行う人材教育の会社です。結局、亡き父がやっていた教育業に携わることになり、これもお導きだと思っています。

起業して二年ほど経ってから、尊敬する稲盛和夫さんが主宰されている経営者勉強会『盛和塾《せいわじゅく》』に入塾しました。実際にお会いする稲盛塾長（盛和塾生は塾長と呼びます）は、とても温かく、利他心に満ちあふれたお方。まさに「生きる経営の神様」と言われている通りだと思いました。以来、稲盛塾長から「思いは実現する」「利他心」「誰にも負けない努力」「素直な心」など、経営者としても、人としても大切なことを、たくさん教わっています。

私は幸之助さんや稲盛塾長などから教わった、仕事人としても、人としても大切なことを、私が担当する研修や講座の内容に活かしています。形を教える研修ではなく、すべてをプラスに変えて、笑顔で心から感謝しながら働いて、有意義に生きていけるように。常にプラス思考で、心身ともに元気に活躍することをテーマに、人材教育をしているのです。

日本国には昔から、「八百万《やおよろず》の神」がいると信じられてきました。どこにでも神様がいらっしゃるという考え方です。私の家は浄土真宗で、中学・高校はミッションスクールに通っており、初詣は生まれる前から伊勢神宮です。また毎日、オフィスがある恵比寿の守り神・恵比寿神社に参拝しています。たくさんの神様に、お世話になっています（笑）。

その「八百万の神」の中には、「トイレの神様」がおられるのだから、当然、「仕事の神様」もいらっしゃるはずです。

私の人生でこれまでご縁をいただいた、稲盛和夫塾長、松下幸之助さん、船井幸雄先生。このお三方は、すべて「神様」と呼ばれています。間違いなく「仕事の神様」にひいきされ、ご自身も「神様」と呼ばれるようになられた方々です。

その「『仕事の神様』にひいきされた方々」にご縁を頂き、たくさんの薫陶《くんとう》をいただいた私。プラス思考、思いは実現すること、心を磨くこと、努力&行動の大切さなど、多くの学びを活かして作り上げたのが、私が行っている研修です。この本は、実際の私の研修をまとめたものです。研修をお受けになるつもりで、お読みいただけたら幸いです。それでは、始めます!

仕事の神様が〝ひいき〟したくなる人の法則＊目次

第二章　思いを実現する潜在意識の使い方

第四章　ひいきされるプロフェッショナル仕事論

第五章　笑顔でありがとう！

装幀――轡田　昭彦

編集協力――柏木　孝之

イラスト――いしいゆき

◉本書を読む前に

最初に自己紹介をさせていただきます。私は様々な企業の「社員研修」や、弊社の「自分磨きスクール」で年間百本ほど研修を行っています。研修の中身はリーダー研修、後継者養成のための研修、モチベーションアップ研修、女性社員向け研修、ビジネスマナー研修などいろいろです。

私は会社の経営を始めて十四年になりますが、十年ほど前から稲盛和夫さん（京セラ名誉会長）が主宰されている経営者勉強会「盛和塾」で、直接ご指導を受けています。そこで学んだことも含めて、本書ではたくさんのことをお伝えしていこうと思っています。

机上の空論は一つもありません。今までに何万人もの方々に話してきて、その人たちが結果を出してくれていますので自信を持って話ができます。ですから、あとはあなたが「行動するかどうか」だけの話です。行動するかしないかはあなた次第です。

でも、やっていただけさえしたら確実に結果が出ますので、ワクワクしながら読んでください。読んで行動した方と、そうでない方とでは天地の差がつきます。

本書にはところどころ書き込みをしてもらうように作ってあります。というのは、人の脳というものは、ただ聞いたり読んだりするだけでは、四十八時間で八〇%を忘れるようにできているからです。

また、人は自分の手を動かして書くことによって、その内容が記憶されるようになっています。これはパソコンで字を打つのとは、全く意味が違います。ですから、書き込みシートに自分の手で書き込んで、それ以外にも気になった言葉はノートに書き出すなどしてください。

◉本書を有効活用する八つの心得

●「知っている」は禁止！

これから私がお伝えする内容の中には、もしかすると「もう知っている」と思うものもあるかもしれません。

でも、「知っている」のと「できている」のは全く違います。もしもあなたが「それは知っている」と思ったときには、「これは知っているけれど、できているかな」と自分に確認しながら読んでいくようにしてください。

知っていてもできていないのであれば、それは知らないのと一緒です。

人の脳は「知っている」と思ってしまうと「知っているからいいや」と勝手に判断して、聞かなくていいと思ってしまうのです。

それでは意味がないので「知っている」と思ったときには、同時に「できているか」を確認することが大切です。そして、できていないのならば行動してください。

●メモ魔になる

二つ目に大切なのは「メモ魔になる」ということです。

エジソンという大天才がいましたが、エジソンはメモ魔だったといわれています。大天才のエジソンがメモ魔なのに、一般人の私たちがメモをしないで頭に入るわけがありません。だから、しっかりメモをとってください。

そして、メモした内容を何回も読み返して、仕事の現場でどうしたら活かせるか？　考えて実行してください。

また、字を書くときは、大きな字で濃く書くのが基本です。

●一人で聞いている人になる

三つ目は「一人で聞いている人になる」ということです。

この本を読むときは、私と一対一で話をしているつもりで読んでください。他人事だと思うと身になりません。「ああ、私のことを言っているんだな」と思って読んでいただきたいと思います。

●二十四時間以内に、人に話す

四つ目は「二十四時間以内に、人に話す」ということです。

これは記憶を定着させるための一番の方法です。本書の内容を知らない人に二十四時間以内に「今日読んだこの本にこんなことが書いてあったよ」と一つでもいいので、教えてあげてください。

●誰かに伝える！　と心して読む

五つ目は先ほどと連動しているのですが、「誰かに伝える！　と心して読む」ということです。

誰かに伝えたり教えたりしなければいけないと思って読むと、読む姿勢が変わりますし、頭への入り方も違ってきます。

●今日から「一つ」は実行する

六つ目は「『今日から』一つは実行する」ということです。

本書を読んで「これはいいな」と思っても行動しなければ意味はありません。知識をいくら増やしても行動しなければ役に立ちません。知識は行動してはじめて役立ってくるものです。

私がこれからお伝えすることは難しいことは、一つもありません。すぐできることですから、今日から「一つ」は実行してください。「明日からやろう」では遅いです。必ず今日から実行してください。

●自分のベストを尽くす

七つ目は「自分のベストを尽くす」ということです。

人間は死を迎えるとき、ほとんどの人が「もっと挑戦しておけばよかった」と後悔するそうです。あなたは死ぬときになって、「あのときもっと頑張っておけばよかった」「もっと挑戦しておけばよかった」と思って死んでいきたいですか？

そのような後悔をしないためにも、常に自己のベストを尽くすことが大切です。

自分の目の前にあることに全力で取り組む以外に、人生をよくする方法はありません。だから、この本を読むときにも楽しく、うなずきながら読んでくださいね。

●自分の無限の可能性を信じる

八つ目は「自分の無限の可能性を信じる」ということです。

人の成長に、能力や年齢は一切関係ありません。自分自身を信じる思いの強さが大きな差を生みます。あなたの可能性は無限大です。

以上の八項目を心していただいて、研修を始めます。

第一章

人生の方程式と成功の法則

◉能力や熱意を倍増させるプラス思考の力

●「人生の方程式」が意味すること

それでは本題に入っていきます。

先ほども書きましたが、私は稲盛和夫さんの経営者勉強会でご本人から直接ご指導を受けて、たくさんの教えをいただいています。その中で一番わかりやすいと感じたのが「人生の方程式」というものです。そこで最初に、この「人生の方程式」についてご紹介していきます。

人生・仕事の結果＝考え方×熱意×能力

これが「人生の方程式」です。この方程式の中の、考え方は「マイナス１００からプラス１００」まであり、熱意と能力は「ゼロからプラス１００」まであります。ポイントは足し算とか引き算ではなくて、掛け算になっているところです。そして、考え方だけが「マイナス１００」から始まっているということが重要です。

パナソニックという会社があります。もとは松下電器産業という社名でした。松下電器をつくられた松下幸之助さんは、昔の尋常小学校しか出ていません。しかも肺が弱かったので、小さな頃から寝たきりのような状態でした。ですから、生まれ持った能力は10くらいだったかもしれません。

しかし、冷蔵庫・洗濯機・掃除機といったものが何もない時代に、幸之助さんはそういうものを作って、世の中の人の生活を楽にしたいという思いを抱いて、一所懸命に働きました。

想像してみていただきたいのですが、もしも冷蔵庫・洗濯機・掃除機といったものがなければ、今日のように女性の皆さんが働くことは、絶対にできていません。それほど昔は、家事に時間がかかっていました。

たとえば洗濯物を洗うのも、今は洗濯機のボタンを押すだけですが、洗濯機のなかった当時は洗濯板で洗っていました。ご飯も今は炊飯器が炊いてくれますが、昔は薪で炊いていましたから、つきっきりでなくては炊けませんでした。

このように、家事にすごく時間がかかっていたので、女性が外に働きに行くことなどできるわけがなかったのです。でも、幸之助さんがこうした電化製品を作ってくれたおかげで、世の中の女性はずいぶん楽になりました。その意味では、幸之助さんはたくさんの人を幸せにしています。

生まれ持った能力は10だったかもしれませんが、仕事への熱意は100だったのです。さらに、世の中の人の生活を楽にしてあげたいという考え方もプラス100でした。ですから、考え方と熱意と能力を掛け算すると、大変なプラスになります。

そのようにして一生を送った幸之助さんは、お亡くなりになった今でも「経営の神様」としてたくさんの人に尊敬されています。また、パナソニックという会社は、日本国を代表する世界的企業の一社になっています。

一方で、高い学歴や高い地位を誇りながら、大きな罪を犯す人たちもいます。そういう人たちは、生まれ持った能力はプラス１００であったかもしれません。一所懸命、勉強や仕事をしていたのでしょうから、熱意もプラス１００でしょう。

　でも、彼らは人を騙《だま》してでも自分だけが豊かになりたいなどと考えたのでしょう。彼らの考え方はマイナス１００だったのです。能力も高いし熱意も高いけれど、考え方がマイナス１００だったために、これを掛け算すると、人生の方程式の結果は、大変なマイナスになります。その結果として、牢獄に入るようなことになってしまうわけです。

　自分の能力が低いとか、有名な学校を出ていないとか、生まれ育った環境が悪いとか、自分にはいろいろなマイナスがあると思っていたとしても、熱意と考え方次第では、人生と仕事の結果をいくらでもプラスにできる。それが、この方程式の意味です。

　この中で特に重要なのは考え方です。考え方だけがマイナス１００からプラス１００まであって、しかも掛け算ですから、**考え方が０・００１でもマイナスであっ**

たとしたら、能力がいくら高くても、熱意がいくら大きくても、結果はマイナスになってしまうのです。むしろ能力や熱意が大きいほど、マイナスも大きくなってしまいます。それほど考え方が重要だということです。

積極思考とかプラス発想とかポジティブ・シンキングとか言い方はいろいろありますが、とにかくプラス思考についての話をこれからたくさんしていきます。なぜかというと、それがあなたの人生と仕事の結果に大きく影響してくるからです。いくら能力が高かったとしても、いくら一所懸命やっているとしても、考え方がマイナスだとどうしようもないのです。考え方をプラスにしていくことが、あなたの人生を幸せの方向に導くのです。

人間の可能性は無限大です。もしあなたが現状に満足していないなら、ぜひ今日から生まれ変わろうと真剣に思ってください。昨日まで、あるいはこの本を読む直前まで、あなたがどれだけマイナス思考だったとしても、怠け心を持っていたとしても、全く関係ありません。今日から幸せの方向に、歩み始めましょう。素直に実行することがあなたの人生を明るく幸せに変えていきます。

●畑の話——考え方の違いが大きな差をつくる

ここで「畑の話」という話をします。

想像してみてください。目の前に広大な畑があります。そして、ここに全力をあげれば一日に二百八十坪耕せるという人がいます。

しかし、この人は周りの畑を見渡して「今日はサボっている人が多いな。自分も百坪くらい耕せばいいかな」「今日は八十坪くらいでいいかな」と適度に手を抜いているとします。

一方、全力を出しても一日に五十坪しか耕せない人がいます。しかし、この人はいつも全力をあげて五十坪を耕していました。

するとどうなるでしょうか。いつも全力をあげて五十坪を耕していた人は、やがて筋力がついてきます。そして、一日に耕せる坪数も五十一坪、五十二坪と少しずつ増えていきます。周りで見ている人は「ああ、あの人は頑張っているな」とわかりますから、そのうちに「この農機具を使えばもっと耕せるよ」「私も一緒に耕すよ」というように協力してくれる人も出てきます。

逆に、全力をあげれば二百八十坪耕せるのに周りの様子を見てサボっていた人は、だんだん筋力も落ちていきます。そのうち、全力を出しても二百八十坪は耕せなくなっていきます。周りの人からも「あの人はサボっているな」とわかるので、誰も助けてくれません。

この畑の話が教えているのは「あなたは普段、どんな態度で仕事をしていますか?」ということです。自分は能力が低いと思っていても、全力をあげて仕事に取り組んでいるか、それとも自分は能力が高いから、少しぐらいサボっても大丈夫だと思っているか、どちらですか?　それによって人生は変わります。

サボっている人は、いくら能力が高くても誰も応援してくれません。一所懸命やっているから応援してくれる人が現れるのです。何も言われないとしても、サボっていることは周りの人には絶対にばれています。

この考え方の違いがあなたの人生に大きな差をつくるのだということを理解して、自分自身を見つめ直しましょう。

●なぜ自分に自信が持てないのか

次に「本物の自信をつけるにはどうするか」というお話をします。

私は講座や研修でたくさんの人たちとお会いします。経営者の方たちにもお会いしますし、宝石会社や化粧品会社やエステティック・サロン、福祉関係企業や飲食店、アパレル企業など、いろいろな業種の会社で社員研修を行っています。

ところが、そうやって数多くの方にお会いしていても「自分は自信満々です」という人はなかなかいらっしゃいません。むしろ「自分に自信をつけるには、どうしたらいいですか？」という相談を受ける場合がとても多いのです。

私は研修の講師のほかに、女性を対象にした「自分磨きスクール」を経営しています。マナー、プラス思考、話し方、メイク、イメージアップの方法などを教えて、一人ひとりの女性を内面、外見トータルに磨きあげるためのスクールです。このスクールにも全国各地からさまざまな女性がきています。十八歳から七十代まで、幅広い年齢で、職業もバラバラです。受講理由は、「自分に自信をつけたいから申し込みました」という人がほとんどなのです。

傍《はた》から見ると、社会的なポジションが高い人たちであったり、きれいな人であったり、すごく自信がありそうに見える人たちも、「自分に自信がないのです」といって申し込んでこられます。見た目やポジションと、実際の本人が持つ「自信」とは、どうも違うように思います。

起業以来十四年間、私は「自分に自信をつけるとはどういうことなのか」というテーマとずっと向き合ってきました。その結果、私が出した結論は、**「努力と行動の量に比例して自信はついてくる」**ということです。努力も行動もしていなくて本物の自信がつくわけはありません。しっかりと努力をし、行動をしていかないと自信は決してつかないのです。

それからもう一つ、他人と比較しているから、どんどん自信がなくなってくるのです。たとえば、「あの人は社交的で誰とでも打ち解けることができるのに、自分は人と話すのが苦手だ」「あの人はすごい美人なのに、自分はブサイクだ」といったように、いろいろなことで他人と比較して、自分はダメなんだと思ってしまうのです。

これは全く意味がありません。なぜなら、あなたという存在は、この地球上にあなた一人しかいないからです。

今生、あなたが生まれてきたことには必ず意味があります。ですから、その生まれてきたことの意味を考えてみるとか、あるいは会社で働かせてもらっているご縁を大切にするとか、そういう一つひとつのことをもっとしっかり見ることが大切なのです。そして、**他人と比較するのではなくて、自分自身のよさをもっと引き出すことに力を注ぐ**べきです。

ないものばかりに目を向けていれば、自信がなくなってくるに決まっています。どうして、自分の持っているものを伸ばすことに力を注がないのですか？　世界で唯一のあなたの長所を、もっと磨きましょう。

●本物の自信をつける三つの方法

自信をつけるために行ったほうがいいことが三つあります。それをこれから説明していきます。

一つ目は、**「これだけは誰にも負けないという何かをつくる」**ことです。

これだけは絶対に誰にも負けないというものを〝仕事の中で〟つくることです。「計算が速い」「フットワークが軽い」「人あたりがよい」など、どんなことでも構いません。

二つ目は、**「自分との約束を守る」**ことです。

どんなに小さい約束事でも、決めたことは必ず実行する。口約束はしない。口約束だけの人で、人から信頼されている人はいません。だから、どんなに小さなことでも必ず実行するようにしてください。実行しないのなら、約束はしない。

わかりやすい例で言うと、道を歩いていて高校時代の同級生とすれ違ったとします。それで、「今度一緒にご飯行こうよ」と言っておきながら、行かないという人が多いのです。もし本当に行くつもりがあるのなら、その場でスケジュール帳を開いて約束してください。会うつもりがないならば、社交辞令で「会おうね」なんて言わないことです。

そうしないと、どんどん自分に自信をなくしてしまいます。なぜかというと、「自分は言ったことをやらない、いい加減な人間なんだ」と自分に刷り込んでいくからです。これでは、自信がつくわけがありません。

人に信頼されるようになるには、まず自分が信頼できる自分にならなくてはいけません。ですから、どんな小さな約束でも必ず行動に移すという習慣は、必ず身につけましょう。

三つ目は、**「目の前にあることに全力をあげる」**ことです。

仕事をしている時間は、仕事に集中する。本を読んでいるなら、本の内容に集中する。いつも、目の前にあることに全力をあげることを意識してください。目の前にあることをダラッとやっていて自信がつくわけはありません。

いつもどんなことにでも全力をあげていると、それが積み重なって、自信が生まれてきます。一つひとつは小さくても、行動していなかった自分と行動した自分では必ず違いが出てきます。

一つのことは紙一枚ほどの差かもしれません。しかし、それが十枚百枚千枚と積み重なって束になると、いつの間にか大きな差になります。ちょっとずつ積み重ねることによって、ちょっとずつ自信がついてきて、いつの間にか周囲の人から見ても素敵な人になっています。そのちょっとずつの積み重ねをしていない人は、自信がつくわけがないのです。

二十歳そこそこの頃は根拠のない自信を持ったりしますが、根拠がないのでもろく崩れ去ります。私たち仕事人は、根拠ある自信を身につけることが大切です。そのためには、笑顔で努力と行動をすることです。努力と行動以外に本当の自信をつける方法はありません。

夢を叶《かな》えるのも自分、夢を諦めるのも自分です。すべては自分次第。ですから自分自身でどういう人生にしていきたいのかを具体的に考えてください。自分の人生を幸せにできるのは自分しかいません。輝く未来を信じて、毎日、笑顔で楽しく、努力と行動をしましょう。

◉よい言葉を口にし、よいことを考え、よい行動をする

●なぜ脳はマイナス思考なのか

今度はプラス思考の基本という話をしていきます。先ほどの人生・仕事の方程式のところで、プラス思考がすごく大切で、少しでもマイナスに考えてしまうと自分の人生はマイナスになるという話をしましたが、この根拠についてお話しします。

そもそも**人の脳というのは構造上マイナス思考にできている**のです。そのため、放っておくとどんどんマイナスにいくようになっています。だからプラス思考は、かなり意識しないとできないのです。

なぜ脳の構造はマイナス思考になっているのでしょうか。たとえば、「命の危険に直面している自分」を想像してみてください。

野生の動物ならば、角《つの》や牙《きば》、鋭い爪、速く走る足といった戦う道具が自分の体に

具《そな》わっていて、何か危険なことがあれば、それらを使って戦い、危険から逃れようとします。しかし、私たち人間にはそんな角や牙はありません。裸になれば、何一つ戦うための武器を持っていません。

このように、人間は野生動物と違って弱い生き物ですから、脳は常に「何か起きたらどうしよう」とマイナスに考えて危機管理を行っているのです。

たとえば、地震が起きていないのに「地震が起きたらどうしよう」と考え、離婚していないのに「離婚したらどうしよう」と考え、会社をクビになっていないのに「クビになったらどうしよう」と考える脳を持っているのです。マイナスに考えることによって、もしものときに備えているわけです。

だからマイナス思考でいい、というのではないのです。このように脳の構造が本来マイナス思考なので、プラス思考になるのは大変なのです。

そこで、プラス思考になるためにはどうすればいいのかということを、これから具体的にお話ししていきます。

●プラス思考の五つの基本

最初にプラス思考の基本について、五つ紹介していきます。

一つ目は、**「今知ってよかった」**というのがプラス思考の基本です。今知らなかったら、あなたは知らないまま、年をとって死んでいたかもしれません。でも、今知ったのですから、これからどう変えていくかは自分次第です。

ですから、まず「今知ってよかった」と思って、ここから先、どうするかを考える。これがプラス思考の基本の第一です。

私が研修でこの話をすると、「二十歳のときに知りたかった」と口にする人がいます。これはマイナス思考の典型です。そういう人には「あなたが二十歳のときに私は研修をやっていませんから（笑）」と言っています。過去は変えることができないのですから、「二十歳のときに」なんて言ってもどうしようもないのです。

今知ったのだから、それをこれからの人生の中で、どのように生かしていくかが大切です。

二つ目は、**「人は幸せになるために生まれてきている」**ということです。

幸せになるために生まれてきているのに、自分が今、不幸だと感じるとすれば、会社が悪いとか、社会が悪いとか、生まれ育った環境が悪いとか、そんなことは一切関係がありません。すべて自分の責任です。自分が間違っているのです。自分自身がマイナスな考え方をしていたり、怠けていたり、態度がよくないから、不幸なのです。そこをまず、分かっておいてください。

三つ目は、**「すべてに感謝をする」**ということ。究極的には「生きていることに感謝をする」ということです。

「生きていることに感謝をする」という意味がわからない人がいますので、説明しますと、今朝、地球上には目が開かないまま亡くなってしまう人もたくさんいます。しかし、あなたは目が開いたから、今日この本を読んでいるわけです。目が開くのは、当たり前のことではありません。目を開いたことに感謝しましょう。

あなたは今日の朝、目が開いた瞬間に感謝をしましたか？　ただ、なんとなく起きたのではありませんか？

そういうふうに考えると、感謝しなければならないことは、身のまわりに山ほどあります。だから、「すべてに感謝をする」ことを忘れてはいけないのです。

四つ目は、**「プラス語を使う」**ということです。

自分が発している言葉が自分の人生をつくります。普段自分がどんな言葉を使っているかが自分に与える影響はすごく大きいのです。それによって、あなたの人生は変わります。ですから、よい人生にしていきたいのであれば、プラスの言葉＝プラス語をたくさん使っていくことを意識してください。

五つ目は、**「因果応報」**ということです。

因果は、原因の「因」に結果の「果」と書くように、すべて物事には原因と結果があります。因果応報とは、簡単に言うと、よいことをすればよいことが返ってくるし、悪いことをすれば悪いことが返ってくるというシンプルな話です。これは日本で昔から言われていることです。

先ほど、人は幸せになるために生まれてきているのに、自分が不幸なのは、自分自身が間違っているからだと言いましたが、これも因果応報です。自分の人生が不幸なのは、自分が今までやってきたこと、言葉にしてきたこと、考えてきたことがよくなかったから、悪い人生になっているだけの話です。それを昔の人が教えてくれています。

それなのに、人のせいとか、世の中のせいにしていませんか？「すべて自分の責任だ」と考えれば、シンプルです。なぜならば、自分が変わるしか方法がないからです。

ぜひ今日からはよい言葉を口にして、よいことを考えて、よい行動をする自分に変わっていきましょう。

◉言葉には魂が宿っている――言霊の法則

●自分にはどんな口ぐせがあるかをチェックする

今の話と関連して「言霊《ことだま》の法則」という話をします。日本では昔から言葉には魂が宿っていると言われていました。それを「言霊」と表現しました。

あなたは普段、どういう言葉を使っていますか？　これから自分がよく使っている言葉、口ぐせを左ページのシートに三分間で書き出してみてください。

そして、書き出した言葉を見て、プラスのイメージのものには○を、マイナスのイメージのものには×をつけてください。

○をつけた言葉は、これからも使っていただいて構いませんが、×をつけた言葉は今日から口にするのをやめてください。口ぐせは、自分が意識しないとなかなか修正できません。

あなたにはどんな口ぐせがありますか？

たとえば、「ありがとうございます」「すぐに取り掛かります」「はい、わかりました」などは○、「でも……」「ダメだ」「疲れたなぁ」などは×になります。

こうした×をつけた言葉は、今日から意識をして口にしないようにしてください。なぜならば、言葉には魂が宿っているからです。自分の思っていること、口に出して言っていること、やっていることが、すべて現実になるのです。

あなたが普段の生活の中で、一番長く一緒にいる人は誰ですか？

こう聞くと、よく家族とか仕事の仲間と答える人がいます。でも、それは間違いです。一番長く一緒にいるのは「自分」です。家族や会社の人なら一日に八時間とか十時間とかでしょうが、自分とは二十四時間つきあっています。このことをしっかりと、わかっておいてください。

自分が身を置く環境の影響というのは大きいのですが、それ以上に自分が自分に与える影響は一番大きいのです。そこを見落としている人がたくさんいます。自分が発している言葉が、自分を洗脳していることをしっかり理解してください。

ですから、口ぐせというのはとても重要です。たとえば、「私なんてダメ」とか「私なんてどうせ……」といった否定的な言葉をいつも口にしている人は、幸せいっぱいの人生を送れるわけがありません。なぜなら自分自身に対してマイナスの言葉を言っているからです。そのマイナスが実現してしまいますから、「私はダメだ」と言っている人は、もれなくダメ人間になれます。

自分が自分自身にどんな言葉をかけているか、これはすごく重要です。

●「俺は絶対に世界のホンダになる」――本田宗一郎さんの口ぐせ

ホンダという自動車会社を作られた本田宗一郎さんは、最初、静岡の片田舎で車の修理工場を営んでいました。小さな工場でした。しかし、宗一郎さんはその頃から「俺は絶対に世界のホンダになる」と言っていました。

それを聞いて周りの人たちは「こんなに小さな工場の兄ちゃんが世界のホンダになんかなれるわけがない」と笑っていました。しかし、それでも宗一郎さんは「俺は絶対世界のホンダになる」と言い続けて、誰にも負けない努力を続けて、〝世界のホンダ〟を築き上げたのです。

ご存じの通りＨマークのついたホンダの車は、どこの国に行っても走っています。そしてＦ１レースにも参戦しましたし、最近では飛行機も作りました。飛行機を作ることは宗一郎さんの大きな夢だったそうですが、それが実現したのです。名実ともに世界のホンダになりました。

そこまで大きな口ぐせを語ってくださいとは言いませんが、自分の発している言葉が自分の人生をつくっているということは、しっかりわかっておいてください。

自分が使っている言葉は自らを洗脳します。ですから、「自分の人生なんて、たかが知れているよ」と言っている人は、たかが知れた人生で終わってしまいます。

それであなたはいいのですか？

人生はよく登山にたとえられますが、あなたはずっとふもとにいて否定的なことばかり言って死んでいきたいですか？　それとも、少しでも上に登って見晴らしのいい景色を見て死んでいきたいですか？　どちらを選ぶかは、すべて自分次第です。

上に行きたいのなら、自分の足で一歩ずつ上がっていくしかありません。自分の人生をどうしたいのか、それをよく考えてください。

とにかく、否定的な言葉ばかり発している人は、人生がよくなるわけはありません。自分がどんな言葉を発しているか、しっかり意識を向けてください。

自分の思っていること、言っていること、やっていることがすべて現実になります。現在は過去の思いの結果です。過去にあなたがどんなことを思ってきたかが、今のあなたの人生をつくっています。

では、未来というのは何かというと、未来は現在の思いの結果です。今、あなたが何を思っているかが、あなたの未来をつくります。過去は関係ありません。今日からどうするかが、未来を決めるのです。

その未来をよくする方法を具体的に話していきます。繰り返しますが、あとはそれをあなた自身が実行するかどうかです。あなたを幸せにできるのは、あなただけだから。

現在は過去の思いの結果です。

過去にあなたがどんなことを思ってきたかが、今のあなたの人生をつくっています。

では、未来というのは何かというと、未来は現在の思いの結果です。今、あなたが何を思っているかが、あなたの未来をつくります。過去は関係ありません。今日からどうするかが、未来を決めるのです。

第二章

思いを実現する潜在意識の使い方

◉潜在意識とプラスイメージ

●潜在《せんざい》意識と顕在《けんざい》意識

今からここに人の心を表す絵を描きます。

これは氷山を表しています。線から下が海です。氷山とは海から上に出ている氷の塊《かたまり》のことだと思っている人がいますが、実は海の中には海面に出ているよりもずっと大きな塊があります。これは人の心と全く同じです。

人の心には、自分で意識できている意識と意識できていない意識があります。自分で意識できている意識のことを専門用語で〝顕在意識〟といいます。そして自分で意識できていない意

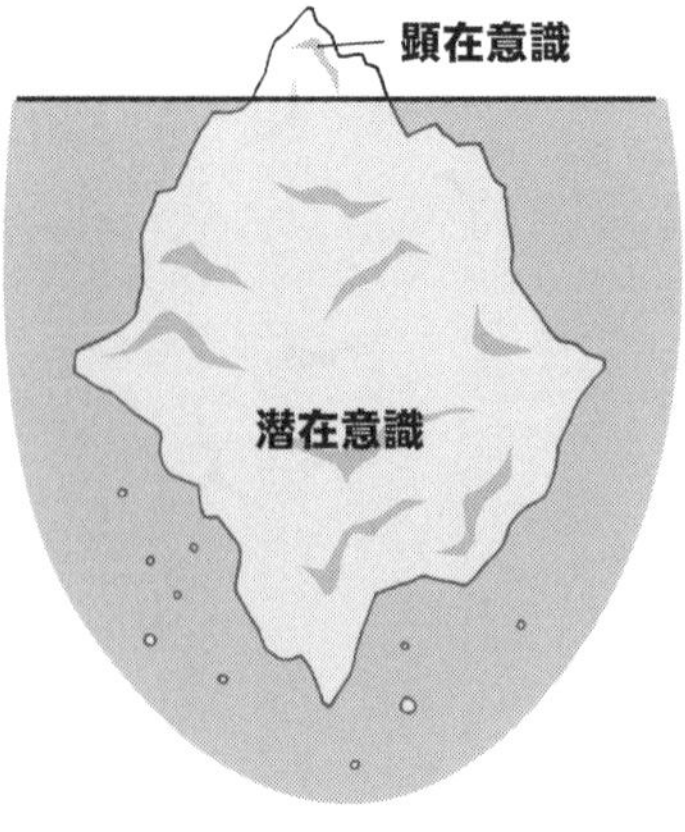

識を〝潜在意識〟といいます。この潜在意識は人の心の九〇%以上を占めていて、別名〝無意識〟ともいいます。顕在意識が氷山の水面に出ている部分だとすると、潜在意識は水面下にある大きな氷の塊です。

●潜在意識の特徴

潜在意識の一番大きな特徴は「潜在意識にインプットしたものが、自分の人生に実現してくる」ということです。しかも潜在意識は、善悪の判断ができませんから、潜在意識によいものを入れればよい人生になりますし、悪いものを入れれば悪い人生になってしまいます。

たとえば「私ってダメね」といつも言っている人は、ダメな人生が実現します。潜在意識には「私ってダメね」という言葉がよい言葉か悪い言葉か、判断ができないからです。ただインプットされたものを実現しているにすぎません。

本田宗一郎さんは「世界のホンダになる」と言い続けていたから、潜在意識がそれを実現してくれたのです。よいことか悪いことかは分からないけれど、潜在意識にしっかり入れ込んでいたから、それを実現したわけです。

潜在意識の中には、過去の経験や実績、過去に考えたこと、口に出したこと、ふと思ったこと、イメージしたこと、見たもの、聞いたこと、動作や態度などがすべて入っています。潜在意識は、あなたが生まれてから今までにあった出来事を、すべて記憶しているのです。

これが自分自身に対して、ものすごく大きく影響してきます。人はこの潜在意識に引っ張られます。そのため、過去にマイナスの経験ばかりして、潜在意識にマイナスをたくさん詰め込んでいる人は、マイナスの方向に引っ張られてしまうのです。

もともと脳はマイナスの方向に考えるようにできていると話しましたが、そこにマイナスの経験が加わることによって、さらにマイナスの方向にいってしまうわけです。これをプラスの方向に転換するには、潜在意識にプラスの情報をたくさん入れていくことが大切です。

●プラスイメージの重要性

マイナスに引っ張られそうになる脳をプラスに向けるためには、プラスイメージを抱くことが効果大です。別の言い方をすると、**脳が成功を信じてワクワクすることが重要**なのです。成功を信じてワクワクする脳＝成功する脳なのです。

苦しいときでも楽しく過ごして、プラスの感情で捉えていくことが大切です。

誰でも成功するまでには、苦しいときがあって当然です。そんな苦しいときに「苦しい」と言うのは誰でもできます。でも、苦しいときも笑顔で楽しく挑戦していく。それが人生を好転させていくのです。

だから、苦しいときもプラス感情、プラスイメージ、プラス思考で捉えることが重要なのです。楽しいときには誰でも笑顔になります。問題は、苦しいときでも笑顔で楽しくできるかどうかです。苦しいときに、どう笑顔で楽しんで過ごすかということが、幸せな人生、素晴らしい人生を実現するカギになります。

成功はプラス感情のときにだけ実現するという特徴があります。成功したから楽しいのではありません。笑顔で楽しんでやっているから成功するのです。
だからどんな時でも、いつも笑顔で楽しく過ごすことがとても大切です。

◉プラス語を使うトレーニング

●誰でも無意識にマイナス語を使っている

潜在意識にプラスイメージを入れていくためには、マイナスのイメージを抱かないこと、マイナス語を使わないことが大切です。そこでこれからマイナスの言葉を使わないトレーニングをします。これは本当に大切なことです。

先ほど言霊の話をしました。自分の使っている言葉が自分の人生をつくっているという話をしましたが、マイナスの言葉を使わないというのは、自分の人生をよいものにするためには絶対に欠かせないことです。

その実践訓練に入る前に、言葉が自分に与える影響についてお話しします。

大切なことは**「否定語（マイナス語）を使わないようにする」**ということですが、これは自分で意識しないとどうしようもありません。

先ほど自分の口ぐせを書き出してもらいましたが、無意識のうちに、結構マイナスの言葉を発していることがお分かりになったと思います。自分の発する言葉を意識していないと、普通にマイナスの言葉を使っています。だから、意識してほしいのです。

文字で書けば、それを見て確認できます。マイナス表現があれば、それをプラス表現に書き換えることができるのですが、「話す」というのは、自分が相当に意識をしていないと、使っている言葉がマイナス言葉なのかプラス言葉なのか分からないのです。

ただし、いきなり話し言葉を意識して変えていくのは難しいので、第一歩として書き言葉に意識を向けてみてください。たとえば、**メールを送る前に、文面を見てマイナス言葉を使っていないかどうかを確認してから送るようにする**と、「自分がどれだけマイナス表現をしているか」に気づけるようになります。それが意識できるようになると、少しずつ話し言葉もプラス語を意識できるようになります。

●「すみません」ばかり言っていると幸せになれない

マイナス言葉を使わないというのは、自分が意識しようと思わない限り、絶対に変わりません。たとえば私のスクールの受講生にこんな方がいました。

順番に自己紹介をするときに私が彼女を指名すると、「すみません」と言って立ち上がりました。自己紹介が終わって座るときも「すみません」と言って座りました。謝る必要は全くないのに、彼女はそれが口ぐせになっていたのです。

また別の方は、一日のクラスで「すみません」を五十回以上言っていました。そんなに潜在意識に「すみません」をため込んでしまうと大変です。潜在意識に入れたものが自分の人生に実現するのですから、その人にはまた「すみません」と言わなければいけない状況がやってきてしまうわけです。これでは幸せになれるはずがありません。

どうしてそんなに「すみません」ばかり言うのか聞いてみました。すると、その人は税金の徴収の仕事をしていて、取り立てに行っても電話の応対でも苦情ばかり言われるので、一日にものすごい数の「すみません」を言っていたそうです。それが口ぐせになってしまったのです。
私の説明を聞いて、その人は「だから自分の人生はよくなっていないんだと気づけました」と涙をこぼしました。そして「私は毎日たくさんの人と接しているので、私がマイナスの言葉を使うと相手の方たちもマイナスの気持ちになってしまいます。だからこれからは、取り立てのときも、電話応対のときも、プラスの言葉を使って相手の方が少しでもプラスの気持ちになれるように気をつけます。それが私にできることだと気づきました」と笑顔で言いました。これは、とてもよい気づきになったと思います。

同じ状況でも、「嬉しいね」「楽しいね」というプラス言葉を使っている人と、「無理だ」「つまらない」というマイナス言葉を使っている人とでは、どちらが幸せなのかと考えてみてください。誰にでも答えは分かるはずです。客観的に考えるとすぐに分かるのですが、いざ自分のことになると、つい無意識のうちにマイナス語を使ってしまうことが多いのです。だから、意識をしてプラス語を言うようにしましょう。

あなたも毎日たくさんの方々と接していると思います。そんな中で、**あなたは相手から「この人と出会えてよかった」と思われる存在になっているか**どうかを考えてみてください。いつも否定的な言葉を発し、ぶすっとした顔をしているような人に「会えてよかった」とは誰も思いません。

発する言葉というのはすごく重要です。見た目の印象も大切ですが、**マイナスの言葉を発して人の心を明るくすることは絶対にできません**。プラス言葉をより多く使い、それを自分の潜在意識にたくさん入れていきましょう。それが、あなたの印象を決め、人生をつくっていくのだから。

●「嫌い」→「好きじゃない」の言い換え

では、実際に「嫌い」というようなマイナス語を、プラス語に変えていく練習をしてみましょう。

マイナス語をプラス語に変換するためには、二つの方法があります。それは「プラス語＋ない」あるいは「プラス語のみ」の表現にすることです。「ない」というのはマイナス語ではないかと思われるかもしれません。しかし、潜在意識は「ない」という言葉を判断できないという説があります。だから「プラス語＋ない」という表現にすると、プラス語の部分だけが残るようです。たとえば、「嫌い」と言いたいのなら「好きじゃない」と言い換えるようにすればいいのです。

ここで変換の練習をしてみましょう。皆さんもよく使っている言葉だと思いますが、二つの例題を出します。一つは「仕事を後回しにしない」、もう一つは「病気になりたくない」。この二つの言葉を、プラスの表現に書き換えてください。

【例題】

「仕事を後回しにしない」↓

「病気になりたくない」↓

例題のような言い回しは、皆さんもよく使っていると思います。でも、「後回し」とか「病気」という言葉自体がマイナス語なので、こういうことを口にするのはいいはずがないのです。ところが、話し言葉として使っていると、それがマイナス語であるとなかなか気づきにくいのです。これに瞬時に気づくのは相当な高度技術です。

でも、今の練習のように書き言葉なら、書き換えができるはずです。メールや手紙を送るときなどに出す前に確認する習慣をつけてください。

ちなみに例題の答えは、次のようになります。

「仕事を後回しにしない」→仕事はすぐにやる。仕事をすぐに片づける。
「病気になりたくない」→いつも健康でいる。いつも元気でいる。

言い回しは多少変わってもかまいませんが、「〜したい」という希望を語るのではなく、「〜である」と断言することが大切です。

●「仕事の神様」に可愛がられる秘訣

こうした意識の転換の練習として、「国ほめを意識する」といいでしょう。これは自分が身を置く環境をほめるということです。

自分の環境にはいろいろあります。「生まれた国」「住んでいる家」「仕事場」「仕事内容」「住んでいる土地」「周囲の人たち」など、いろいろあります。そういったところを、とにかく徹底的にほめるようにしてください。

仕事の悪口を言っているような人は、仕事からも嫌われます。私たち日本人は昔から八百万《やおよろず》の神様がいると教えられてきました。

たとえば私が小さな頃には「米粒の一粒にも神様がいるから、一粒もご飯を残してはだめだよ」としつけられてきました。

そのように考えると、トイレにも神様はいるし、台所にも神様はいる。いろいろなところに神様がいらっしゃるのです。当然、『仕事の神様』もいると思っています。

同じ仕事でも「なんで私がこんな仕事をやらなくてはいけないのですか？」と否定的な言葉を言っている人と、笑顔で「この仕事ができて嬉しいです」と言っている人とでは、神様から見てどちらが可愛いでしょうか？　当然、「嬉しい」と言ってニコニコ働いている人のほうが可愛いに決まっています。

仕事の神様はいつも、一社だけにいるわけにはいかないから、いろいろな会社を回っているかもしれません。その代わりに、あなたの同僚の方たちが、いつもあなたの態度や発している言葉を見ているはずです。あなたがさぼっているか、本当に楽しく仕事をやっているか、ちゃんと分かっています。そういう普段の態度があなたの評価になるのです。

だから、自分の環境をほめるクセをつけることが重要なのです。それを習慣にすると、自然とよいところに目がいくようになります。自分の環境がどれだけ恵まれているか、気をつけて見るようになると、「これはいい点だな」「ここもいいな」と分かってくるはずです。

それから、他人が上手くいったときに妬《ねた》む人がいますが、これは大間違いです。他人の成功や幸せも自分のことのように喜んでください。それが自分に成功や幸せを引き寄せる法則です。他人の成功を喜べないような人に、よいことが起きるわけはありません。他人の成功や幸せを自分のことのように喜ぶから、自分にもよいことが起こってくるのです。

気をつけていただきたいのは、「自分はここがダメなんだ」と、足りない点にばかり意識を向けないことです。足りない点に意識を向けると、不幸に足を引っ張られますから、要注意です。今もし何か問題を抱えているのであれば、とにかくそれを払拭《ふっしょく》するくらい「ありがとう」や「ツイてる」といったプラス語をたくさん言うようにしてください。

プラスの言葉は自分を洗脳して、自分をプラスの方向へ引っ張り上げてくれます。プラス語にはすごく大きな力がありますので、ぜひたくさん使うように意識してください。

他人の成功や幸せも自分のことのように喜んでください。それが自分に成功や幸せを引き寄せる法則です。他人の成功を喜べないような人に、よいことが起きるわけはありません。他人の成功や幸せを自分のことのように喜ぶから、自分にもよいことが起こってくるのです。

●マイナスをプラスに変える表現法——4Dを使うのをやめる

そこでこれから意識していただきたいことがあります。それは「4Dを使うのをやめる」ということです。

4Dとは何かというと「でも」「だって」「だけど」「どうせ」という、Dから始まる四つの言葉です。これらを逆接言葉といいます。この四つの逆接言葉を使わないように意識してください。

なぜ逆接言葉がダメかというと、この言葉の次には、マイナス語や言い訳しか続かないからです。

たとえば、あなたのお友達が「ディズニーランドに行ったんだよね」という話を楽しそうにしたとします。そのときに、あなたが「でも、ディズニーランドは混んでいるよね」と言ったとすると、相手の浮かれた気持ちは一瞬で沈んでしまいます。「ああ、この人とは話したくない」と思ってしまうのです。

こういう4Dから話し始める人は多いので、気をつけてください。

そこでマイナスをプラスに変える表現法ということをお話しします。たとえば身近に体調を崩している人がいて、その人に「冷たいものを飲んでほしくない」という気持ちがあるとします。そのときに、二種類の言い方があります。

一つ目は「冷たいものを飲んだらダメだよ」
二つ目は「温かいものを飲んだほうがいいよ」

わかりますか？　冷たいものを飲んでほしくない気持ちは一緒です。でも表現している言葉が違います。
「冷たいものを飲んだらダメだよ」と言われると、相手は「禁止されている」と思ってしまいます。そうすると、なんだか嫌な気持ちになります。でも、「温かいものを飲んだほうがいいよ」と言われると、「自分のことを思いやって言ってくれているんだな」と感じるのです。
「冷たいものを飲んでほしくない」という**思いは一緒でも、表現する言葉によって、**

相手に与える印象が全く違ってくるのです。

プラスの言葉の使い方は、さっきお話ししたとおり、いきなり話し言葉で直していくのは相当に難しいので、まずは書き言葉をプラスに書き換えるようにしましょう。

●マイナスをプラスに変える練習問題

これから次の例題でマイナスをプラスに変える練習をしてみましょう。それぞれ答えが一つしかないわけではありません。何パターンもありますから、いろいろ考えてみてください。

1. 「おとなしい」↓

2. 「うるさい」↓

3.「太っている」↓

4.「のんき」↓

5.「気が短い」↓

6.「忙しい」↓

7.「これは問題だ」↓

《解答例》

1.「おとなしい」↓おしとやか、物静か、温和、上品

2.「うるさい」↓にぎやか、活気がある、元気がある、威勢がいい

3.「太っている」→ふくよか、恰幅《かっぷく》がいい、貫禄《かんろく》がある、堂々としている
4.「のんき」→ゆったりしている、おだやか、ゆとりがある、気が長い
5.「気が短い」→テキパキしている、スピーディー、決断が速い、行動が迅速
6.「忙しい」→充実している、人気がある、仕事をたくさんいただいている
7.「これは問題だ」→解決・改善することがある、よくするチャンスがある

このように考えていくと、「ああ、こういう表現があるな」ということが発見できると思います。これを何人かでやって、お互いの答えを確認するようにすると、自分の中にはない言葉が見つかるはずです。そういう言葉をどんどん自分の中に入れて、プラス語を増やしていくといいでしょう。

人の脳というのは一日にだいたい七万回のマイナス思考を繰り返しているそうです。

七万回も自動的にマイナス思考を繰り返している上に、「私ってダメね」とか

「あの上司はむかつく」などとマイナスの言葉を上乗せしていては不幸になる一方です。

ヒマさえあれば「ありがとう」「ツイてる」「嬉しい」「楽しい」「幸せ」など、プラスの言葉を、たくさん言いましょう。人生によいことが起きるようになりますから。

◉潜在意識にプラスの貯金を増やす

●潜在意識の記憶を書き換える方法

潜在意識をプラスに変えるには、潜在意識の記憶をプラスに変えることが重要です。今まで潜在意識にためた貯金がマイナスばかりであったとしても、ここをプラスに入れ換えればいいのです。

そのために、潜在意識の中にプラス貯金を増やしましょう。先にお話ししたように、潜在意識には過去に経験したすべての記憶が残っています。ところが、潜在意識の中では、その記憶が実際に経験したことなのか、それともイメージしたものなのか、区別ができません。

だから、絶えずプラスのイメージを持つようにすれば、潜在意識の中がプラスの貯金でいっぱいになります。今までの**マイナスを払拭するぐらいたくさんのプラス**

のイメージを入れ込んでいくことによって、よい現実がやってくるようになります。

ですから、プラス語や笑顔を心がけるだけでなく、プラスのイメージをたくさん持つようにしてほしいのです。プラスのイメージをしていけば、潜在意識にプラスをインプットできます。プラスの貯金がどんどん潜在意識に増えると、プラス思考とかプラスの行動が自動的に出てくるようになります。

イメージは言葉の百万倍、記憶されやすいということを覚えておいてください。言葉の百万倍です。だから潜在意識をプラスに変えるためには、プラスのイメージを利用することが絶対に必要です。

そうすれば結果は自分が思ったとおりになります。潜在意識が思いを実現するからです。

あなたにやっていただきたいのは、夢が実現した姿を具体的にイメージすることです。それをできるだけ細部まで思い描いて、その幸せな姿を繰り返し繰り返しイメージしましょう。それが潜在意識にインプットされます。

なりたい自分の映像を繰り返し繰り返しイメージすることによって、それは潜在意識に入っていきます。イメージは言葉の百万倍記憶力がよいので、よいイメージをしっかり入れ込んだら、潜在意識はどんどんよい方向に物事を実現していきます。幸せや成功のイメージをしっかり入れ込むことによって、潜在意識がそれを実現しようと動いてくれるようになるのです。

とにかくよいイメージを持つことが大切です。よいイメージを持って、それをいつもいつも繰り返し繰り返し思う。それによって、よいイメージが潜在意識にたまっていき、現実によい結果が生まれてきます。

気をつけなくてはいけないのは、〝逆もまた真なり〟だということです。

先ほど、自分の口ぐせを書き出してもらいました。無意識のうちにたくさんのマイナスの言葉を発していることが分かったと思います。そのマイナスの言葉はマイナスの貯金として、すべて潜在意識にたまってしまいます。そして、マイナス思考、マイナスの行動になって実現します。

よい現実をつくるためには、マイナスの貯金よりプラスの貯金の方が多くなるよよいイメージをしっかり入れ込んだら、潜在意識はどんどんよい方向に物事を実現していきます。幸せや成功のイメージをしっかり入れ込むことによって、潜在意識がそれを実現しようと動いてくれるようになるのです。

うに、日々努力しましょう。

●素敵な言葉を自分の中に取り入れていく

プラスの貯金を潜在意識の中に増やすためには、よい言葉を自分の中に貯金していくのもいい方法です。

たとえば、勉強会でたくさんの先生方からたくさんの素晴らしい言葉を学んだとすれば、それはプラスの貯金です。生で学ぶ機会を増やしましょう。

よい本を読むこともすごく大切です。本を読んで素敵な言葉を書き出したり音読して、自分の中で血肉化してください。それは自分の人生をよくしていく方法の一つです。本を一冊も読まないような人がよい人生になるわけがありません。**よい本を読むことが素晴らしい人生をつくることにつながります。**

プラスの言葉を潜在意識にしっかりインプットしていくことによって、自分の中に、プラス語のボキャブラリーが増えます。その結果、自分が発する言葉もプラス語が増えていきます。潜在意識にプラスの貯金を増やすと、自分の言葉や行動や現実をプラスに変えていくことができるのです。

脳はもともとマイナス思考にできていますから、何もしなければマイナスの方向に引っ張られて人生は終わってしまいます。そうならないためには、いつもニコニコ笑顔、プラスのイメージ、プラスの言葉、プラスの行動を心がけましょう。

●潜在意識への貯金――何を入れて何を出すか

「潜在意識への貯金」の話をまとめます。

重要なのは「何を潜在意識に入れていくか」です。何を考えて何をイメージするのか？　これはすべて潜在意識へのインプットです。よい本を読むのも同じです。何を潜在意識に入れるのかが大切なのです。

そして入れたものは出てきます。どんな行動をするのかが、アウトプットです。要は、「何を考えて何をイメージするのか」というインプットが、行動に変わって出てくるのです。

これは繰り返し行うことによって、現実がつくられます。プラスを入れれば、プラスの行動ができるようになります。しかし、マイナスを入れてしまうと、マイナスの行動になってしまいます。プラスでもマイナスでも、それが繰り返されることによって、どんどん現実に表れるのです。

ですから、プラスの考えやイメージを入れて、プラスの行動をすることが大切です。それを何回も繰り返していくことによって、プラスの思考習慣が生まれてきます。

何もしなければマイナス思考になる脳に、プラスの思考習慣を作るには、日々、プラスの考えやイメージを入れてプラスの行動をするトレーニングが必要です。何を入れて何を出すのか。これを意識的に行うことによって、プラスの思考習慣をつくっていくのです。

人間の脳というのは十万台のコンピューターよりもすぐれていると言われています。そんなにすごい脳を持っているにもかかわらず、それをよい方向に向けていかないのはもったいない話です。

この「潜在意識への貯金」の話をもう少しわかりやすくしてみます。天才と呼ばれる人、成功者と呼ばれる人というのは、言い換えれば、潜在意識へのプラスの貯金をし続けている人です。

ノーベル賞を受賞されたiPS細胞研究所の山中伸弥先生や、稲盛和夫さん、松下幸之助さん、本田宗一郎さんといった経営者の方々、そういう本当の意味での成功者の皆さんは、どの方も相当な努力家であり、プラス思考の持ち主です。共通点は全員プラス思考で、プラスの貯金を潜在意識にし続けてきた人であるということです。それが人生と仕事の成功というプラスの結果を生んでいるのです。

ポイントは、どれだけ潜在意識にプラスの貯金をするかです。それがあなたの人生を大きく変えます。あとはあなた自身が、どれだけ実行することができるかにかかっています。ぜひプラスのイメージをしっかり持って、日々楽しく過ごしましょう。

第三章

見方が変わると行動が変わる

◉自分の無限の可能性を信じる

●生まれ変わるなら、生きているうちに！

よく「生まれ変わったら、来世はこういうふうになりたいです」と、のんびりとしたことを言っている人がいます。

死んでから生まれ変わっても遅いのです。生まれ変わるつもりがあるのならば、今すぐに生まれ変わりましょう。生まれ変わるなら、生きているうちに生まれ変わってください。死んでからやろうなんて、来世に期待するようなのんびりした考えではダメです。今生で生まれ変わってください、今から。

普段、あなたは自分の悪いところとか、人の悪いところとか、「ここはダメなんだ」というところばかり意識していませんか？　そのような見方をすると、そこにしか目がいかなくなってしまいます。

これを今日から「いいところを見よう」という目に変えてください。「悪いところを見よう」でなく、「いいところを見よう」と意識しましょう。それができるようになると、世の中のプラス面に目が行くようになり、見えるものが全く違ってくるようになります。

生まれ変わるためにまず必要なことは、今あなたが見ているのとは違う見方をしていくことです。「悪いところ」ではなく、「いいところ」に目を向けましょう。

●「やろう」と決めたことはすぐにやる――一日延ばしは禁止

このように物事のプラスの面を見るようにして、生まれ変わるなら生きているうちに生まれ変わってほしいのです。

そのために、これからは自分で「やろう」と決めたことは、すぐに実行するようにしてください。最初にも言いましたが、明日からでは遅いのです。すぐにやってください。

これは「自分との約束を守る」ということです。「やる」と決めたものはすぐに

「悪いところを見よう」でなく、「いいところを見よう」と意識しましょう。それができるようになると、世の中のプラス面に目が行くようになり、見えるものが全く違ってくるようになります。

行動に移す。一日延ばしの習慣のある人がいますけれど、**一日延ばしは禁止してください。やるべきことはその日のうちに片づける**。これを徹底してください。

なぜかというと、その日のうちにやらないと、やるべきことがどんどん山積みになっていって、さらにやる気が落ちるからです。

一日延ばしの習慣がある人は、「できない理由を見つけている」という特徴があります。できない理由を見つけて、現実から逃げているのです。

もし今のあなたがそうなら、できない理由を見つけるのではなくて、「できる方法を見つけよう」と考え方を変えてください。「これをできるようにするには、どうしたらいいのかな」という方向に意識を向けてみてください。

そうすると、できる方法に目がいくようになります。意識をどちらに向けるかによって、見えるものが違ってきます。

できない理由を探すのではなく、できる方法を見つけるようにする。それがとても大切なことです。

●人生の登山――山を下っている人に要注意！

先ほどもお話ししましたが、人生というのはよく登山にたとえられます。そして登山には下山もあります。かつての高度経済成長期というのは、ものがなかった時代なので、なんでもつくれば売れていきました。それでみんな一所懸命にものづくりに励みました。頑張れば頑張るほど、生活がどんどん豊かになって、人生がどんどんよくなっていったわけです。

今は、世界的に不況と言われる時代がずっと続いています。そのため「頑張っても無駄なのではないか」とみんな思うようになって、マイナス思考が定着するようになりました。「夢を描けない」という若い人たちが、ものすごく増えています。

これは先輩方が夢を描いて、「頑張ると、いい人生になるよ」ということを示していないからです。「先輩方」というのは、今働いているあなたたちのことです。

先輩方が二十歳そこそこの人たち、十代の人たちに幸せなよい生き方を示していないから、「大人になるのが嫌だな」というマイナス感覚がはびこってしまうのです。これはものすごく危険なことです。

世の中は今、九〇％の人がマイナス思考になって人生の山から下りているのです。「頑張っても無駄だから、サボった方がいいや」「そこそこ生活できる程度にお金をもらえればいいや」と楽な方へ下りている。

「世の中をよくしたい」「自分の人生を少しでも豊かにしたい」と思って一所懸命にやり続けている人は一〇％しかいません。しかも今は下山している人が九〇％です。その下山組の人が、登山している人の足を引っ張ることもあるのです。

「そんなに頑張ってもムダだよ」とか「会社のために働くのはやめろよ」とか、頑張っている人に対して否定的な言葉を投げかけてきます。こういう人たちは自分だけ下山していればいいのに、人のことも下山させようとするのです。

でも、どちらがいい人生になるかは分かるはずです。マイナスな言葉に流されると、いつの間にか、登っている人も落ちていってしまいます。自分では一所懸命頑張って登って、「世の中をよくしよう」と思ってやっていても、つきあう人がマイナス思考だったら、足を引っ張られるのです。

だから気をつけてください。つきあう人の影響は大きいのです。自分がマイナス思考な人をなんとか変えてやろうなんていう考え方は大間違いです。人は誰もが楽な方、楽な方へ流されやすいのです。

努力して上に上がる人生が幸せか？　楽な方に流れる人生が幸せか？　決めるのは、あなたです。

●運を上げる一番の方法は運のよい人とつきあうこと

山の頂上を目指して上がっていきたいのであれば、登山している自分よりも何倍も運のよい人とつきあいましょう。つきあう人には本当に気をつけてください。つき合う人で人生が決まるのです。

自分がいくらいい香水をつけていても、肥溜《こえだ》めに落ちたら肥溜めの臭いになってしまいます。「環境は重要」だというのは、そういうことです。肥溜めの中に浸《つ》かっていたら、いくらよい香りの香水も何も関係ありません。

自分の運をよくするためには、**自分よりも運のよい人、勢いのある人、エネルギーのある人とつきあう**ことです。

自分の何倍も運のよい人とつきあうことが運を上げる一番の方法です。あるいは、よい本を読んだり、生で一流の人の話を聞いて実践することです。

運は伝染します。ですから、とにかく運のよい人とつきあいましょう。

一日一歩、前進する

そして、とにかく一日一歩でいいので前進をする。つまり、成長をすることです。昨日よりも今日、今日よりも明日と一歩ずつ階段を上がっていくと、一年三百六十五日ありますから三百六十五段、上に上がれます。

同じ場所で足踏みしているのか、上に上がろうと一所懸命努力して一歩だけ前に進むのかで大きな差が出てきます。

富士山に例えますと、頂上を目指して上がろうとしているのに、サボっていたり、横道にそれたり、のんびり歩いていたら、いつまでたってもたどり着けません。頂上を目指すのなら、特に人生という登山で頂上までたどり着きたいのなら、垂直に一気に上がっていくような覚悟でやっていくことです。

頂上には各界のトップの人たちがいます。ふもとにいる人たちは、マイナス思考の人たちです。ふもとで見ている景色で満足するのか、それとも自分の足で一歩一歩上がっていって見える景色を変えていくのか、それは自分次第です。

多くの人は、不平不満、グチ、悪口などを言いながら、マイナス思考の世界の中で一生を送って死んでいきます。でも、考えてみてください。頂上にいる人たちだって、最初はふもとにいたのです。トップの人たちは特別だからと思ったら大間違いです。

この人たちは自分の足で一歩ずつ人生の山を上がって、見える景色を変えていったのです。自分の努力で道を究めて、頂点にたどり着いたのです。それを生きているうちにやった人たちです。

人生は短いけれど、短い人生の中でもプラスに乗り越えてやりきっている人がいます。同じ人生を生きるのなら、頂点まで行けないとしても、少しでも上って、見える景色を変えてみたいと思いませんか？

ふもとの汚れた空気を吸っていて満足するのか、上の方のすがすがしい空気を吸いたいと思うのか、ということです。すがすがしい空気を吸いたいと思うのならば、自分の足で上がっていくしかないのです。そのためには常にプラス思考で、笑顔で努力と行動をして、一歩ずつ上がっていきましょう。

ここで、次のページのシートに自分の働き方や考え方、行動などで改善しようと思った点を書き出してください。ただし、「自分はこういう点でだめだということに気づきました」というような反省は書かないでください。マイナスを書いても意味はありません。改善点ですから、「これからこういうふうにやろうと思った」というプラスの行動を具体的に書いてください。

たとえば、「人に笑顔で接する」「一日に一つは人のよいところを見つけて褒める」「頼まれた仕事はすぐにやる」「話を聞くときには必ずメモをとる」「よい言葉を聞いたら手帳に書く」「いいと思ったことはすぐに実践する」などです。

そして、自分で書いたことは、必ず今日からやってください。明日からでは遅いのです。今日からできることは、すぐに始めましょう。

あなたにはどんな改善点がありますか？

●人は思いこみで生きている――プラスの思いこみとマイナスの思いこみ

人間というのは、大きく分けて二種類しかいません。

一つ目、**うまくいっている人は、将来に対してプラスの思いこみをしています。**

二つ目、**うまくいっていない人は、将来に対してマイナスの思いこみをしています。**

将来に対してプラスの思いこみをしているか、マイナスの思いこみをしているか、人はこの二種類に分かれます。言い方を変えるなら、「自分の未来はよい人生になると決まっている」「未来はよくなると思う」と考える人なのか、「年々、世の中は不況になるし、これでは人生がよくなるわけがないな」「年をとって、不幸になる一方だ」と考える人なのかということです。

自分の思いこみですから、どちらにしても確実ではありません。でも、プラスの思いこみをして明るく生きていった方が、よい人生になるに決まっています。ですから、「絶対にもっと幸せな人生になる」と思って生活する方が楽しいのです。

分かりやすい例として、私のスクールの受講者の話をさせていただきます。

自動車関連のメーカーに勤務している彼女は、人間関係がうまくいっていませんでした。会社でもできるだけ他人とかかわらず、家族ともかかわりたくないと実家には帰らず、メールが来ても無視し、「次に家族と会うのはお葬式のときだ」とさえ思っていたそうです。

彼女は一人で生きていきたいと思う一方で、常に周りのことを気にしていて、他人から声をかけてもらえないと寂しくて、「どうして誘ってくれないの！」と不満を抱いたり妬んだりしていました。数少ない仲良しの先輩と話すときも愚痴ばかりで、人からはいつも「疲れた顔をしている」と言われていました。彼女は、自分の置かれた環境をすべて周りのせいにしていました。

そういう自分を変えたくて、私のスクールに来てくれました。

私は彼女にまず、両親との関係をよくしてもらいたいと考え、「手紙を書いて自分の気持ちを伝えてみたら」とアドバイスしました。すると彼女は勇気を出して、手紙ではなく直接言葉で伝えたいと、お母さんに電話をしました。それがご両親と会話をするきっかけとなりました。

その後、彼女は病気にかかり手術をすることになりました。ご両親は彼女に付き添い、懸命に看病しました。その様子に彼女はご両親の愛情を感じ、そこから少しずつ、自分が幼い頃から親とのかかわりの中で気になっていたことを、伝えるようになりました。そして、それらが自分の思い込みに過ぎなかったと知るのです。自分は親に決められたレールの上を歩いてきたと思っていたけれど、実はすべて自分で決めてきたのだと気づきました。彼女は「ありがとう」という感謝の言葉を素直に口にできるようになり、ご両親との関係は改善されていきました。

仕事の面でも変化が見えました。以前はなんでも一人で抱え込んでいました。誰かに助けを求めるのは「仕事ができない人」と見られるような気がして嫌だったのです。しかし、私のクラスの学びを生かして、「仕事も素直と正直が大切だ」と思うようになり、分からないことは素直に聞き、自分一人でできないときは助けを求めるようになりました。そうすると、逆に「頑張ってるね」と助けてくれる人が増えてきたのです。また、自分も人の役に立つことを意識するようになった結果、ますます助けてくれる人が増えてきて、社内の人間関係が一気に改善されていきました。

ドイツに出張したときは、会社のドイツ人スタッフだけではなく、連絡を取り合っていた五人のお客さんが、交代で食事の相手や観光案内をしてくれるほど、彼女を歓迎してくれました。現地の日本人駐在員からも「本当にたくさんの人が、あなたのことを気にしているね」「他の日本からの出張者は、いつも日本人が案内するのに、現地スタッフにここまでケアされているのは珍しいよ」と言われたそうです。

彼女自身が考え方をマイナスからプラスに変え、行動をプラスに変えることによって、周りの人たちの彼女を見る目も変わっていったのです。「毎日コツコツ目の前の仕事に力を注いで、お礼の手紙を書いたり、写真を撮って送ったり。笑顔で話して、仕事でも相手に素直に接していると、国は違っても受け入れてもらえるんだと思いました」と彼女は言っています。

対人関係が苦手だった彼女は「人に対する壁を取る」ことを意識することによって、しばらく話していなかった人と普通に会話や挨拶をしたり、電車で隣に座った人と楽しく会話したりできるようになりました。自分から積極的に話をすることで、毎日が楽しく、幸せが増えています。

彼女は、他人と自分を比べることがなくなりました。また、自分の将来に対して、プラスのイメージをするようになったのです。彼女は最近、こう言っています。

「最近やっと、苦労自慢している人より、ニコニコ笑っている人のほうが幸せだしステキだと気がつきました」と。

人生は、考え方と発する言葉によって大きく変わります。ですから、プラスの考え方をして、プラス言葉を発し、潜在意識の中にプラスの貯金をすることが大切なのです。それによってプラスの方向に人生が変わったという人を私はたくさん知っています。

人は生きている間に生まれ変わるのです。考え方と発する言葉をプラスに変えることでプラスの方向に変わることができるのです。ですからぜひプラスの思いこみをしましょう。

◉言い訳を封印してレベルアップを図る

●言い訳は敗北の前兆

二十代の頃から、私が自分に言い聞かせている言葉があります。それは「言い訳は敗北の前兆」という言葉です。

私は大学に入る前に名古屋の代々木ゼミナールで浪人時代を送っていました。そのとき現代国語の司《つかさ》一哉先生という人気講師にお世話になりました。司先生は私の恩師です。先生のおかげで今の人生があると思っています。

その司先生が最初の授業で言われたのが、「言い訳は敗北の前兆」という言葉でした。言い訳をしている時点で、もう負けなんだ、というのです。その話を聞いた十九歳のときから、私はこの言葉を心に刻んで生きています。そのときに、「言い訳をするのはやめよう」と思ったのです。

私は中学・高校と世間で言うところの「お嬢様学校」に通っていました。「だから、受験勉強はできなくてもあたり前」という意味のわからない言い訳をしていました。しかし、そんなものはなんの言い訳にもならないことに気づきました。

先生が教えてくださったのは、夜、勉強をしていて「今日は眠たいから寝る」「今日は体調が悪いから寝る」と、なんとでも言い訳はできるけれど、「君が寝ている同じ時間、同じ大学を受けるライバルは勉強しているぞ。今日は体調が悪いからなんて言って寝ているようでは、ライバルに勝てない」ということでした。

そして**「一番のライバルは自分だ。しかも明日の自分がライバルだと思え」**と教えてもらいました。言い訳をして怠けようとする自分に勝たなくてはいけない。そして、今日の自分より明日の自分の方が努力をして上にいるはずだから、明日の自分をライバルにすれば自分のレベルをもっと上げることができるというのです。

本当にいい言葉を教えてもらったなと思っています。

司先生は現代国語の先生でしたが、私はそれまで本を読んだことがほとんどありませんでした。読書感想文を書くときも、本の後書きを丸写ししているほど低レベルでした。

先生は、国語の勉強をすることが、どれだけ自分の人生を助けてくれるかを教えてくれました。そして、ボキャブラリーを増やすだけでなくて、知識や先人の教えを自分の人生に刻むことで、どれだけ人生が豊かになるかを教えてくれました。そこから私は本当に一所懸命に勉強するようになったのです。

「言い訳は敗北の前兆」という言葉は私の原点です。あなたは今日まで「言い訳は敗北の前兆」という言葉を知らなかったと思いますので、言い訳をたくさんしていたかもしれません。でも、今日この言葉を知りましたから、これからは言い訳や自己正当化をするのはやめるといいですよ。

●いい加減だと言い訳が出る

人は幸せになるために生まれてきているという話をしました。そして、幸せでないとしたらすべて自分の責任だという話をしましたが、「すべて自分の責任」にすることで成長できるようになります。他人のせいにしているうちは、絶対に伸びません。他人のせいにするというのは、最も簡単な言い訳だからです。

「上司が見る目がないから」「世の中は不況で、お客様が買ってくれないから」と、言い訳はいくらでも言えます。それを「すべて自分の責任なんだ」と思うようになると、ものごとの捉え方が変わってきます。

武田信玄はこんな言葉を残したと言われています。


「一所懸命だと知恵が出る。中途半端だと愚痴が出る。いい加減だと言い訳が出る」


まさにその通りです。いい加減だから言い訳が出るのです。人生や仕事への取り組み方を一所懸命に変えると、言い訳ではなくて知恵が出るようになります。

知恵が出ているか、愚痴が出ているか、言い訳をしているか……。自分の意識がどうなのかによって出てくるものが変わります。逆に、自分が何を出しているかによって、一所懸命なのか、中途半端なのか、いい加減なのかが判断できます。今のあなたはどのレベルでしょう?

言い訳でよくあるのが「ライバル社が出てこなかったら、会社の売り上げは落ちなかったのに」という否定的な言葉です。でも、売り上げが落ちたのはライバル社が問題なのではありません。そういう言い訳をしているから、売り上げが落ちたのです。ライバル社が出てきたのならば、「ライバルと競い合ってもっとよい商品を世の中に出そう」と思って、よりよい商品を出す方法を考えればいいのです。どんな意識で取り組んでいるかによって、結果には大きな差が生まれます。たとえば、「もう私は年だから」と否定的な言葉を発すれば本当に老いてしまいます。

私がお世話になっている松山バレエ団の森下洋子さんは六十七歳ですが、いまも世界一のプリマバレリーナです。現役で、主役として踊っています。森下さんはいつも、「私は一年一組です」とおっしゃいます。常にバレエを始めた三歳の頃の気持ちで踊っているそうです。

そういう方がいるのに、「もう私は年だから」なんて軽く言えません。いったい何歳からが「もう年だから」という言い訳のできる年なのでしょうか。

自分はどんな言い訳をして生きているかと考えてみてください。

まず「思うこと」から始まる

「成功したい」「幸せになりたい」「人から憧れられるようになりたい」、女の人なら「綺麗になりたい」とか、男の人なら「いい男になりたい」というように、「思う」ということはとても大切です。**何も思わないで、何かが実現するはずはありません。**

まず「思う」こと。「こういうふうになりたい」という思いを持ってください。「自分には夢がない。どうしたらいいんですか」と相談を受けることがありますが、夢は自分で探してもらうしかありません。まずは「こういうふうになりたい」と思うものを見つけてください。すべてはそこから始まります。

「一段上」に的を絞って勉強する

次に、目標を決めたら「一段上」に的を絞って、とにかく勉強してください。高い山の頂点を目指していたとしても、今やるべきことは一つしかありません。それが自分のレベルの「一段上」に的を絞って勉強することです。

もちろん大きなビジョンを描くことは大切ですが、雲の上にあるようなビジョンを描いても、大きすぎて無理だと諦めてしまっては意味がありません。ですから、**大きなビジョンを描きつつも、同時に「一段上」に的を絞って勉強する**ようにするのです。

一段上ならば、何をすればいいかもわかるはずです。「この技術が上がれば……」「この知識が増えたら……」というように、自分が一段レベルアップするために必要な何かがあるはずです。

そういう勉強をしっかりやっていると、必ず自分を次のステップに引き上げてくれるチャンスがやってきます。チャンスをいただいたら、すぐ「是非やらせてください！」と言ってください。喜んでその一段を上がりましょう。

そして一段上がったら、また一段上を目指して勉強を続けるのです。このように努力と行動を積み重ねて、一段ずつ階段を上がっていくわけです。

●下りのエスカレーターをダッシュで駆け上がる

人は全員もれなく下りのエスカレーターに乗っています。ぼんやりしていたら、自動的に下に落ちていきます。下りのエスカレーターに乗っているので、何もしなければ自動的に、年々間違いなく落ちていけるのです。

そうならないようにするには、ダッシュでエスカレーターを駆け上がらなくてはいけません。

その方法を、私は講座や研修で教えています。「下りのエスカレーターをダッシュで駆け上がりましょう」という提案をしているのです。

下っていくのは自動的に下っていきますけれど、上がっていくのは自分の足で上がるしかありません。しかも下る速度よりも速く上がらないと上がれません。足踏みでは下ってしまうのです。

上がっていきたいのであれば、自分の足で上がるしかないので、しっかり努力と行動をしなくてはいけません。「こういうことをやったらいいですよ」とは教えられますが、行動するかどうかはあなた次第です。あなた自身の足で一歩ずつ上がってもらう以外に方法はありません。

お互いに、一歩ずつ頂上をめざして上がっていきましょう。

第四章

ひいきされるプロフェッショナル仕事論

◉「なんのために働くのか」を理解する

●働くこと、仕事をすることの意味

働くとか仕事をすることには、どういう意味があるのでしょうか?
まず、仕事をする意味には大きく分けて次の三つがあります。

一つ目は、**「お金をいただいて貴重な経験をさせていただく」**こと。
二つ目は、**「お金をいただいて自分の人間性を磨く」**こと。
三つ目は、**「お金をいただいて世の中の進歩発展の役に立つ」**こと。

この三つが仕事をすることの意味です。
では、働くとはどういうことなのでしょうか。「はたらく」の「はた」は傍＝

「周りの人」です。そして「らく」は楽です。つまり、「周りにいる人が楽になるように自分の力を尽くす」のが、働くことの意味です。

そのために仕事を通して自分を磨いていくことが大切なのです。

先人の知恵を学んで、現場での経験を積み、人と接して刺激を受けるうちに、自分の人間性は磨かれていきます。仕事を通して自分の人間性が磨かれるというのが、働くということです。仕事を通して自分自身のレベルアップを図り、世の中の人が楽になるように自分の力を尽くすことなのです。

●仕事の神様に呼ばれる——ご縁の大切さ

今、あなたがやらせてもらっている仕事は、あなたが自分で選んだものではありません。あなたが仕事に選ばれて、この仕事をやらせてもらっているのです。この仕事をしている、この会社で働いているというのは、自分で選んだと思っている人が多いのですが、そうではありません。

天職という言葉があります。天職は英語で〝コーリング（calling）〟と言います。

コーリングとは〝神様から呼ばれた〟という意味です。「天職を探したいです」と言って、転職を繰り返している人がいますが、天職というものは探すのではなくて、仕事の神様から呼んでもらってさせていただくものなのです。

今やらせてもらっている仕事を一所懸命やることによって、仕事が本当の意味での天職になります。ここを間違っている人がすごく多いのです。

天職とは、自分で選ぶものではなく、仕事の神様から呼ばれて与えられたものです。ここをしっかり意識してください。

出世の道というのは、すべてつながっています。ですから、自分がやらせてもらっている仕事を一所懸命やることが何よりも大切です。すべてはつながっていますから、一つも無駄なことはありません。

稲盛和夫さんは「天職とは、出会うものではなく、自ら作り出すものなのです」とおっしゃっています。仕事の神様から与えられた仕事、今させていただいている仕事に一所懸命に取り組んで、それを自分の天職にまで高めていかなくてはいけないということです。

●仕事とは尊いもの

仕事はものすごく尊いものです。尊いものだと思ってやらせてもらわなくてはいけません。なぜ尊いかというと、仕事の神様があなたに「その仕事についてください」といって選んで与えてくださったものだからです。

先ほども言いましたが、私はいろいろな企業で研修をさせていただいています。宝石会社、エステティック・サロン、化粧品会社、飲食店、アパレルや介護施設など様々な業種の会社で研修を担当させていただいています。同じ女性対象研修でも、話す内容は企業によって変わります。宝石会社の女性社員の皆さんと介護施設の女性社員の皆さんとは、必要とされるものが違うからです。

よく看護師さんとか介護関係の方から「井垣先生は人前で緊張もせずに一日中話すことができてすごいですね」と言われます。でも、私にとっては人前で話すことは普通のことです。

というのは、私は高校生の頃からアナウンサーを志望していたからです。アナウンサーになるために東京の大学に進もうと思ったのです。アナウンサーになりたいと思ったのは、幼少の頃から人前に出てダンスや歌を披露することが好きだったからです。つまり、今の仕事を始めるずっと前から、常に人前に出ることを好きでやってきているのです。突然人前で話す仕事を始めたわけではありません。

だから、「すごいですね」と言われてもピンと来ないのです。やりたくてやっている仕事だからです。

私からすると、看護師さんや介護の仕事をしている人たちは本当にすごいと思います。見知らぬおじいちゃんやおばあちゃんの排泄物の処理も当然のようになさるし、細々としたお世話も親身になってするのですから。

何を言いたいかというと、それぞれの仕事の尊さや価値というのは、他の人から見ると「すごいですね」となるのですが、その仕事をやらせてもらっている本人はすごいとは気づいていないということです。

人それぞれ生まれてきた意味や能力、与えられた使命が違います。やらせてもらっている仕事の役割が違うので、自分は自分の仕事を笑顔で一所懸命やるしかないのです。

●仕事という滝に打たれて修行をする

世の中にはいろいろな仕事があります。仕事に貴賤《きせん》はありません。どんな仕事も、それぞれ尊いのです。

でも、私が今の仕事をやめて、いきなり看護師さんの仕事に変われるかといえば変われません。だから、今の仕事を続けさせていただけるように、日々、努力を重ねて改良改善し、仕事のレベルを少しずつ上げていくように頑張るしかないのです。それ以外に、自分自身の人生をよくする方法はありません。

そう考えるとき、自分はその仕事の尊さに値するような働き方をしているだろうかということが問われてきます。あなたは仕事の中で、小さな喜びや感動がありますか？　また、人から「いい仕事していますね」と言われるような仕事をしているでしょうか？　自分自身で「本当にこの仕事をやってきてよかったな」という働き方ができているでしょうか？

上司とうまくいかないとか、苦手なお客さんがいるとか、いろいろな問題はあるかもしれません。でも、分かっておいていただきたいのは、**私たちは自分の人生をよくするために生きている**ということです。そのためにわざわざ滝に打たれに行かなくても、仕事の中で修行ができるのです。

嫌なことがあっても「今日はいい滝に打たれたな」と思ってみたらどうでしょうか。それを笑顔で対応していくと、やがてまたレベルアップのときがやってきます。これはつまり「あなたはもうこの修行は終了しました」ということになって、修行の内容も変わっていくのです。

いつまでも同じことを言われ続けるというのは、自分のレベルが変わっていない証拠ですから、一刻も早く自分のレベルを上げていくしかありません。レベルが上がれば、上司という滝も、お客様という滝も、あなたを認めてくれるようになります。その日が来ることを信じて、日々の仕事に笑顔で取り組んでいきましょう。人生は必ず、ひらけます。

◉「価値ある自分」＝「人財」になるためには

●「人材」と「人財」はここが違う

仕事は人がするものですが、この人には「人材」と「人財」があります。最初、私たちは「人材」として社会に出ます。この材は「材料」の材です。ですから最初は世の中を動かす材料として社会に出てくるわけです。

しかし、いつまでも「人材」のままでは困ります。大切なのは、そこから自分自身の価値をしっかり高めて「人財」になっていくことです。社会や会社の財産となっていくような働き方をして、価値ある自分になっていくのです。周りの人から「あなたと仕事ができてよかったです」「あなたと出会えてよかったです」と言ってもらえるような人になりましょう。

最悪なのは「人罪」になってしまう人です。会社ならば給料泥棒と呼ばれるような人たち、それが「人罪」です。この人たちは会社の不平不満を言うとか、イメージダウンになることを平気でします。給料をもらって会社の悪口を言うのですから、迷惑以外の何ものでもありません。

あなた自身はどうでしょうか？　人材・人財・人罪のうちのどれで仕事をしていますか？

材料のままで終わっていては、「あなたがいてくれてよかったです」とはなりません。だから一刻も早く「あなたがいてくれてよかったです」と会社から思われ、社会からも思われるような価値のある自分＝人財になっていきましょう。

●「人財」になるためには

こういう話をすると、「どういうふうにしたら人財になれますか？」と聞かれます。そのときに私がお聞きするのは、**「あなたは仕事の中で発展的なアイデアを出したり、改良改善をしていますか」**ということです。

「私の仕事はお茶汲みだから、そんなことはしていません」というのは、もったいないです。お茶汲みであれコピー取りであれ、自分がやらせていただいている仕事で改良改善を重ねていくのが「人財」になるために必要なことです。

たとえばお茶を淹《い》れるときに、「今日は昨日と茶葉を蒸らす時間を変えてみようか」というような研究をすることだってできます。ある会社で事務職の方々の研修をさせていただいたとき、私はこの話をしました。すると次に行ったときに、ある女性社員の方が「自分は今まで自動的にお茶出しをしていましたが、この間のお話を聞いてから、これではダメだと思いました」と言いました。

それで彼女は、日本茶を販売しているお店でお茶の淹れ方の講習会をやっているのを見つけて、勉強に行くことにしたそうです。そうしたらお茶の淹れ方が上手になって、社内でも「美味しいお茶を出す」と評判になったのです。

彼女はそれまで仕事の面で上司に怒られてばかりだったのですが、これがきっかけとなって「次はもっとこうしよう」と、何かにつけて改良改善をするようになりました。それで一つ自分のレベルが上がって、楽しく働いています。

最初は仕事にもやりがいを感じられなくて、「お茶汲みとコピー取りしかやっていません」と言っていた人でも、やらせてもらっている仕事で自分のレベルを上げる努力をすれば、環境が変わってよい状況になっていくのです。

逆に言えば、何も改良改善の工夫も努力もしていないのに、「今より責任ある仕事を回してもらったら、自分はやれるようになるのに」などと言っているから、いつまでたっても今より責任ある仕事が回ってこないのです。

先にも言いましたが、責任ある仕事が回ってこないとしたら、それはあなたが今やらせてもらっている仕事を一所懸命にやっていないからです。目の前にある仕事をないがしろにして、責任ある仕事ならできるなどということは絶対にありません。まずは、今、目の前にあることに全力をあげましょう。

●仕事の改良改善がレベルアップの唯一の方法

自分に任されている仕事をやるのは当たり前です。それで給料をもらっているからです。でも、それだけでは仕事力は上がりません。常に「何か改良改善できないか」と考えながら働かなければ仕事力は上がってこないのです。お茶の淹れ方一つ、コピーの取り方一つとっても工夫のしかたがいくらでもあるはずです。「お茶をどうしたら美味しく淹れることができるだろうか」と研究することもそうですし、コピーの取り方やホチキスをとめる角度などにも、こだわって考えればできることがあるはずです。

自分の仕事力を上げていく方法は、任されている仕事の中で改良改善をする以外にないのです。

不平不満を言っている暇があるのなら、自分の仕事を改良改善して、よりよい仕事をしていく。これが給料をいただくという意味です。

息を吸いに会社に行っていてはダメです。「息を吸っています」程度で給料をもらっていてはいけません。

繰り返しますが、あなたが任されている仕事は、やって当たり前です。それで給料をもらっているのです。でも、それだけでは「息を吸っている」のと同じ。それを改良改善していくことで初めて、仕事力が上がるんだということを理解してください。「息を吸っています」程度で、評価してくれる会社はどこにもありません。

「上司の見る目がない」と文句を言っている人は、あなたが会社へ行って息を吸っているだけなので評価されないのです。冷静に考えれば分かるはずです。「何も改良改善していません」とか「不平不満を言っています」という人は、息を吸っているだけの人です。

それは仕事とは言いません。それではいつまでたっても「材料」から抜け出すことはできません。それどころか下手をすると「人罪」になっているかもしれません。自分を客観的に見て、改良改善しましょう。

●仕事は常に戦国時代

仕事は常に戦国時代です。戦国時代というのは、毎日が死ぬか生きるかの瀬戸際《せとぎわ》です。仕事というものも、それぐらいの覚悟で取り組まなくてはいけません。

今はぼんやりしていて、のんきに生きていける時代ではありません。そこを心しておかないと、すぐに後ろから来た人に追い抜かれてしまいます。これから人工知能の時代になってきます。ロボットが活躍する時代になると、今ある仕事の約五〇

％はなくなるといわれています。そういう時代に、「息を吸っています」という程度の仕事しかしていなければ、決して生き残れません。死ぬか生きるかの覚悟が必要なのです。

新しいチャレンジや自らのレベルアップをいつも考えて、改良改善し続けなくてはいけません。

◉世の中は一〇〇%他人が決める

●可愛がられる人になる

仕事をする上で、可愛がられるというのはすごく大切な要素です。これは、年齢やポジションは一切関係ありません。人は可愛がられる人になることが、仕事でもプライベートでも大切なことです。

可愛がられる人になるというのは、「ひいきされる人になる」ということです。

そのためには二つの要素があります。

一つ目は、笑顔とプラスの言葉を心がける。

二つ目は、元気のいい「はい」という返事と自分から挨拶をする。

これが可愛がられる人になるための基本です。こんなのは当たり前だと思ったかもしれません。では、その当たり前なことを、あなたはやっていますか？

当たり前だと思うのにやっていないとしたら、知らないのと一緒です。これが「知っている」と「できている」の違いです。やっていないから可愛がられないのです。そんな自分をまず認めて、そしてすぐに行動してください。

挨拶というのは新入社員研修の最初に教えることですけれど、これが人間関係の基本です。年齢やポジションに関係なく、挨拶は自分からするものです。待っていたらダメです。

●他人から評価されなければ意味はない

世の中というものは一〇〇％他人が決めます。これはどういうことでしょうか？わかりやすく理解するために例をあげてみます。

自分がパン屋さんだと思ってください。あなたは自分なりに特別においしいパンを作って、自信を持って店頭に並べました。しかし、そのパンをおいしいと思うか一つ目は、笑顔とプラスの言葉を心がける。
二つ目は、元気のいい「はい」という返事と自分から挨拶をする。
これが可愛がられる人になるための基本です。

どうかはお客様次第です。自分ではとてもおいしいと思っても、お客様がおいしいと思ってくれない限り、パンは一個も売れません。

これが「世の中は一〇〇%他人が決める」ということです。「自分なりにやっています」と言う人がいますが、それでは話になりません。**人から見てどうか、人がどう判断するか？　それが仕事のすべて**です。

「自分では仕事を頑張っているつもりです。けれど、上司が評価してくれません」と言う人がいます。しかし、上司はあなたをしっかりと見ているから、あなたを評価しないのです。上司とうまくいっていないという人は、あなたの態度が悪いからうまくいかないのです。すべて自分の責任です。

上司とのコミュニケーション不足で意思の疎通《そつう》ができていないという場合もあります。でも、そういうときはあなたから積極的にコミュニケーションを取るべきです。わからないことがあれば、「教えてください」と聞きましょう。

上司が手取り足取り教えてくれると思っているのなら、大間違いです。あなたが何を知らないのかを上司がすべて把握していて、なんとかしてくれるなどということはあり得ません。そういう他人任せの態度でいては、可愛がられるはずもありません。あなたが行動を変えるしかないのです。

世の中は一〇〇%他人が決めているわけですから、人から見て頑張っていると思われなければ、頑張っていることにはなりませんし、評価はしてもらえないということです。**評価される自分になるためには、人から見てどうかということを意識して、自分が変わるしかありません。**

●仕事はひいきで成り立っている

仕事はひいきで成り立っています。「ひいきされてなんぼ」の世界です。頼まれごとが多いというのはひいきされている証拠です。つまり、可愛がられているのです。

それを「あの人は暇なのに、私ばかりこんなに仕事を頼まれて割に合わない」と文句を言う人がいます。これも大間違いです。

逆に、仕事を頼まれないほうが困るのです。頼まれないというのはひいきされていない証拠だからです。そういう人は、自分が変わらなければいけません。頼まれごとが多い自分になっていかなくては、仕事が楽しくなりません。

頼まれごとが多いと次々と仕事を覚えることができます。頼まれる人になるから、仕事力がつくのです。

こう言うと「ひいきという言葉は嫌い」という人がいます。でも、考えてみてください。誰でもひいきはしているのではないでしょうか？

たとえば、どこかにご飯を食べに行くときに、あなたは自分の家の周りにある店のすべてに満遍《まんべん》なく行っていますか？「ここの店がおいしいからここに行く」というように、ひいきにしている店が必ずあるはずです。あなたもひいきしているのです。

「あの人ばっかりひいきして」などと妬む人がいますが、妬んでいる暇があるのなら、努力して仕事力をつけて自分が魅力的になるしかありません。行動を変えてひいきされるような魅力を身につけてください。

魅力のある自分になるためには、ひいきされている人、ついている人、うまくいっている人をしっかり研究してください。自分とどこが違うのだろうと考えてみてください。

たとえば、ひいきされている人、ついている人、うまくいっている人は、いつも笑顔で、「この仕事ができて嬉しいです」と楽しそうにやっているかもしれません。それに引き換え、自分は遅刻をしても平気だったり、いつも不機嫌そうな顔をしていたり、わからないことがあっても上司に聞かず、何かにつけ不平不満を口にしているかもしれません。

そういうひいきされている人と自分との違いに気づいたら、今度はひいきされている人の真似をしましょう。その人よりも笑顔でいよう、プラスの言葉を口にしよう、と意識してやってみてください。それがひいきされる人になる一番の近道です。

真似をしていると、自分自身がどんどんよい方向に変わっていき、周囲の人の対応が変わってきます。

◉相手に好印象を与えるコミュニケーションの基本

●人の心に伝わる話し方を身につける

仕事で大切なことの一つに、相手との人間関係をいかに築くかということがあります。そのときに大切になってくるのがコミュニケーションです。コミュニケーションで注意していただきたいのは、人の心に伝わるように話すということです。そして、特に意識をしてほしいのは、プラスの表現を心がけるという点です。

先ほどもマイナスの表現をプラスに変換する練習をしましたが、太っている人に「太っていますね」と直接的に言えば、その人はあなたのことを「感じが悪い」と思うでしょう。そこで、これを「ふくよかですね」とか、男性ならば「恰幅がいいですね」と言い換えるわけです。

「太っている」も「ふくよか」も「恰幅がいい」も同じことを指しているのですが、

プラスの言い方をするか、マイナスの言い方をするかで、相手の抱く印象には大きな差が出てきます。ですから、いつもプラスの表現を心がけることを意識してほしいのです。

逆に、**人の心に伝えようとしているときに、使ってはいけない表現もあります。それには三つあります。専門用語、四字熟語、同音異義語の三つです。**

第一の専門用語は、専門家同士であれば何も問題はありません。しかし、専門家以外の人は、専門用語を使われても理解できません。ですから、専門用語は専門家同士、同じ業界の人との会話以外では使わないようにしましょう。

第二の四字熟語は、文字で書けば分かりますが、会話の中で使われると分からない場合があります。人に分かりにくいように話をしていては、コミュニケーションはうまくとれません。

第三の同音異義語も四字熟語と同じです。音が同じですから、話し言葉として使われると、どちらの意味で使っているのかがすぐには分かりません。すると、人の脳はそこで思考停止してしまうのです。

たとえば、会話の中で「キョウセイ」という言葉が突然出てきたとします。すると、聞いた人は「キョウセイ」が強《し》いるという意味の「強制」なのか、共に生きるという意味の「共生」なのか、あるいは正しく直すという意味の「矯正」なのか、一瞬で判断できないことがあります。

たまたまそういう言葉を使ってしまったときは、その意味がはっきり伝わるように言い換えるなどの工夫が必要です。意味が相手にしっかり伝わるようにする、それがコミュニケーションの基本です。

●感じの悪い話の聞き方、感じのよい話の聞き方

誰かと会話をしているときに、「この人は感じがいいな」と感じることがあると思います。なぜそう感じるのでしょう？　それを理解するために、まず感じが悪い人の態度を考えてみましょう。

感じの悪い、ＮＧとなる態度には、どういうものがあるでしょうか。

第一は、**相手の話をすぐに否定する**。

相手の話をすぐに否定する、話の腰を折るといった態度をとると、相手はあなたに話をしたくなくなってしまいます。

第二に、**上《うわ》の空で話を聞く**。

顔も見ずに上の空で話を聞くような態度をとられると、相手はあなたが自分の話を聞いてくれていないと感じて、話をしたくなくなります。

第三に、**腕を組んだり足を組んだりする**。

腕を組んだり足を組んだりして話を聞くというのは、「私はあなたに対して心を開いていません」と言っているのに等しいのです。相手がそう感じると、どうしても話しづらくなってしまいます。

ですから、話を聞くときに、腕を組んだり足を組んだりする癖がある人は、意識してやめてください。人にそれだけ嫌な印象を与えているということに気づいてください。

以上の三つが感じの悪い話の聞き方です。必然的に、感じのよい話の聞き方はこの逆を意識すればいいわけです。つまり、相手の話を肯定する、相手の目を見て話に相槌《あいづち》を打つ、興味を持って質問する、笑顔で共感を示す、などになります。

しかし、実際に相手の目を見続けて話をするのは、なかなか難しいはずです。そこで、相手に気づかれないように、うまく目をそらすテクニックを教えます。

このときに意識してほしいのは、目をそらす位置です。相手の両目の位置と、男性ならばネクタイの結び目の位置、ここに三角形ができます。

この三角形の中に目をそらすようにすると、相

手は目をそらされているとは思わず、目を見続けて話をしてくれているように感じます。ですから、話をしていて目をそらすときには、この三角形の範囲で目をそらすようにすればよいのです。

ただし、相手の鼻の頭をずっと見続けるとか、右の頬だけを見続けていると、何かくっついているのかな？　と相手が気にしてしまいます。目を見続けていると相手に思ってもらうためには、この三角形の中で満遍なく目をそらすのがポイントです。

●相手との距離を縮める話題提供のしかた

次に、人と話をするときの話題提供のしかたについてお話しします。重要なのは、相手との共通点を見つけることです。初対面の人と話をするのが苦手だという人は、特にこれを覚えておくとよいでしょう。

たとえば、共通の知り合い、共通の趣味、出身地、共通の体験、好きな食べ物といったものを見つけるように話を振っていきます。何かに共通点が見つかると、それを突破口にして話が広がって、相手も心を開いてくれるようになります。初めてお会いする方でも、身近に感じてもらうことができます。

人と話すのが苦手だと思っている人も、この共通の話題を見つけることを意識してみるといいでしょう。

もう一つ、話を盛り上げるテクニックがあります。それは相手の話に笑顔で頷《うなず》きながら共感するということです。「そうですね、よく分かります」というふうに共感しながら話を聞くと、相手は「ああ、この人は自分のことを分かってくれているな」と思って心を開いてくれます。そうなると話は盛り上がりますし、相手との距離は一気に縮まります。

このほかにペーシングという高度な技術もあります。ペーシングというのは、相手がゆっくり話す人の場合は、こちらもゆっくり話す、相手が早口で話す人の場合は、こちらも早口で話すというように、相手と話す速度を合わせるという技術です。

また、相手と同じ単語を使うことも大切です。相手の話をしっかり聞いて、同じ単語を使うと、相手は「この人は分かってくれているな」と思うのです。

あなたも経験があると思うのですが、例えば洋食屋さんに行って「ご飯とハンバーグをお願いします」と注文したとします。そのときにお店の人から「ライスとハンバーグですね」と言われると、ちょっと嫌な気分がしませんか？

「ご飯とハンバーグ」と言ったのに「ライスとハンバーグ」と言い換えられると、自分が間違ったような気分になるのです。相手に嫌な気分を抱かせないためには、相手の言葉をしっかり聞いて、その言葉を真似することが重要なのです。

そして一番大切なのは笑顔で会話をする、笑顔で会話を聞くことです。もちろん自分が話すときも、笑顔を意識してくださいね。

世の中は一〇〇％他人が決めるのですから、対人関係をいかに良好にし、どうしたら人に好感を持ってもらえるか？　考えるのは大切なことです。これまで紹介したことを、一つずつ実行していただければ、人に与える印象はよくなりますよ。

●好印象を与える三つのポイント——明るさ・爽やかさ・清潔感

仕事をうまく進めるためには、相手に好印象を持ってもらうことが大切です。たとえば、あなたが不潔な感じであったり、感じが悪かったりすると、会社全体が同じような印象を持たれてしまいます。「あんな格好が許されるのだから、みんなだらしないのだろう」と思われてしまうのです。

松下幸之助さんの本にも書かれていますが、幸之助さんは大阪の方ですけれども東京の美容院に通い、服装などの身だしなみにも気を使っておられたそうです。自分は会社の顔だから、だらしない服装でいたら全従業員が恥ずかしく感じるというので、身だしなみには相当気をつけてこられたそうです。

相手に好印象を与えるために大切な三つのポイントがあります。それは「明るさ」「爽やかさ」「清潔感」です。この三つは外見的な印象ですが、非常に重要です。「明るさ」「爽やかさ」「清潔感」。この三つを意識して、外見を整えましょう。

靴磨きは基本中の基本です。人は足元を見ると言いますから靴磨きをしっかりやってください。もちろん、靴底のすり減り、つま先などのはがれ、インソールの取りかえなどもお忘れなく。常にツヤツヤのキレイな靴にしておきましょう。

体の先（頭、指先、足先）を整えることで、キチンとした人だなという印象に変わります。ツヤを出すことは身だしなみの基本です。意識しておいてくださいね。

◉「ツキ」と「ご縁」を引き寄せる方法

●人の運命はすべて「人との出会い」で決まる

人の運命というのは、すべて人との出会いで決まります。これは当たり前のことですけれども、あえて説明します。

女性社員の研修をやっていると、占いが好きな人もいて、私が「ついている人の話」とか「運がよくなる話」をしたときに、「先生、ちょっといいですか」と相談にやってきます。

どんな相談かと思えば、「私は占い師の先生にものすごく運がいいと言われています。だけど、いいことが全然起きません。どうしてですか」と言うのです。

いくら運のよい星の下に生まれてきたとしても、誰とつきあうのか、どういう考え方を持つのか、どういう言葉を発するのかなどによって人生は大きく変わっていくのです。傍から見ると、何不自由ない大金持ちの子供に生まれたのに、心が満たされず事件を起こして捕まる人も世の中にはいます。

最も大切なのは、すべて自分の選択だということ。自分がツイている人とつきあい、プラスの言葉を言い、笑顔でプラスの行動をし、いつもプラスに考えることが、人生を幸せに導くのです。

●チャンスとは人にいただき、自分でつかむもの

チャンスというものは人にいただき、自分でつかむものです。ぼんやり待っているだけではチャンスはやってきません。「棚からぼたもち」なんてないのです。

では、チャンスをつかむためにはどうしたらいいのでしょうか?

そのためには、自分を導いてくれる人、自分よりも上にいる人に可愛がられることが必要です。これがない限り、チャンスなんて絶対に来ません。

「チャンスが来ない」と言っている人は、この肝心な「上にいる人に可愛がられる努力」をしているでしょうか? その努力をしていないのに、チャンスをもらえる

はずはないのです。ここをわかっていない人がたくさんいます。

もし不平不満があるのならば、まず上の人に可愛がられる努力をしてください。

この努力というのは、ゴマをすることではありません。上にいる人ほど、「ゴマをすられている」と分かりますから、そんなことをしても意味はありません。

可愛がられるということと、ゴマをするということは全く違います。ここを間違えないでください。

いくら自分で「能力がある」と思っていても、チャンスをくれる人が認めてくれなければ能力がないのと同じです。これはすごく重要なことです。

では、どうしたらいいのかということですが、**人から認めてもらうためには、仕事に役立つ勉強と、可愛がられる努力の二つをすることが大切**です。どちらか一方ではダメです。二つともやってくださいね。

●ツキと運は「熱意」で決まる

普段の熱意が高ければ、ツキや運は自然に人が運んできてくれます。

「運」とは「運ぶ」と書くように、人が運んできてくれるものです。そして「運勢」という言葉が「勢いよく運ぶ」と書くように、勢いよくやらなければ運はよくなりません。だらだらやっている人、のんびりしている人には、勢いは感じられませんよね。

私が「今日お伝えすることは今日から始めてください」と言ったのは、勢いをつけるためです。私の話を聞いて、熱を感じたり、勢いを感じたりしたら、この勢いですぐに始める。それが運をよくする第一歩です。

「今日やろう」「今日から始めよう」という勢いが大切です。それが運をよくするコツです。勢いよくテキパキやると運がついてくるのです。

のんびりやっている人は、絶対に運がよくなりません。のんびりやっているうちに、何人もの人があなたを追い越していきます。水戸黄門の歌と一緒です。「あとから来たのに追い越され」てしまいます。

だから、のんびりとやっている場合ではありません。とにかく速度を上げましょう。私がお伝えすることでいいなと思ったことや、気づいたことを、とにかくすぐに行動する。それがあなた自身の運をよくする方法です。

速度を上げてやっている人は熱が出てきますから、「一所懸命やっているな」と、周りの人がその熱意に気づいてくれます。すると周りにいる人があなたを引き上げてくれるようになります。

見ていないようで周りの人は見ています。だから、毎日の仕事、目の前のやるべきことに一所懸命に取り組むことです。どれだけ熱心に取り組んでいるかによって、人生に大きな差がついていきます。

あなたは自分がさせてもらっている仕事で、周りの人から「あの人は熱心にやっているな」「あの人から勢いを感じるな」と思われるような働き方をしていますか？

のんびりやっていたり、嫌々やっている人からは、熱は出てきません。人に熱を感じてもらえるほど、一所懸命にやってください。

●「自分は運が強い」と信じこむ

そして、どんなに悪い状況だとしても「自分は運が強い」と自分に言い聞かせて、信じこむことが大切です。

たとえば松下幸之助さんはこうおっしゃっています。

「いまでも大切ではないかと思うことの一つは、自分は運が強いと自分に言い聞かせることである。ほんとうは強いか弱いかわからない。しかし、自分自身を説得して、強いと信じさせるのである」(『松下幸之助「一日一話」』より)

あれほどの大成功をされてなお、幸之助さんは運がいいと思いこむことが大切だとおっしゃっているのです。

また、稲盛和夫さんはこうおっしゃっています。

「とにかく真剣に、誰にも負けない努力をしている人を、神様が見捨てるはずがない」

真剣に誰にも負けない努力をしている人を神様が見捨てるはずがない。だから安心しておけばいい、というのです。

大切なのは「本当に真剣に、誰にも負けない努力をしている」と自信を持って言えるくらい努力をすることです。それくらい努力していれば、心配はしなくていいのです。考えなくてはいけないのは、それくらいの努力を、あなたはしていますか？　ということです。

自分のやらせてもらっている仕事をそんな思いでやっているかどうか？　自分に問いかけてみてください。

●「最低でも」のレベルを上げる

よく「最低でも人に嫌われないように生きよう」とか「今日のパーティーでは最低でも一人には話しかけよう」と言います。この「最低でも」は本当の意味での「最低でも」です。そんなことで満足しているようではダメです。

今日からは、その「最低でも」のレベルを上げていきましょう。「最低でも」のレベルを上げるとは、たとえばこういうことです。

「最低でも、私と会った人全員に感じがいいなと思ってもらえるようにしよう」

「最低でも、会話しただけで、話ができてよかったと思ってもらえるようにしよう」

わかりますか？　本当の意味の「最低でも」ではレベルが低すぎるのです。運やご縁に恵まれるようになるためには、このレベルをもっと引き上げる必要があります。「最低でも」のレベルを上げることで、運やご縁に恵まれるようになるのです。

●常識以上の習慣をつけよう！

常識的なレベルにとどまっていては、自分のレベルアップはできません。自分のレベルを上げようとするのなら「常識以上」で考える習慣をつけましょう。

たとえば、友達が会社をクビになったと聞いたときに「かわいそうに」と同情をする人がいます。これは常識的な対応です。しかし、同情というのは自分が相手と「同じ情態になる」ということです。それではダメなのです。

こういうときは常識ではなく、常識以上の対応をするのです。

「自分が何をしたいのか考えるいいチャンスじゃない」

「自分を磨ける時間ができてよかったね」

「新しい仕事でいい出会いがあるかもしれないよ」

などというように、**相手がプラスになるような勇気や元気を与える言葉をかけてあげる**のです。これが常識以上の対応ということです。

このような常識以上の対応ができる自分になることを目指してほしいのです。

失恋や失業、失敗など、人生の中ではいろいろなマイナスの出来事が起こります。そのマイナスな状況、マイナスの経験を「あの経験があったおかげで今がある」というふうに感謝に変えることが大切です。

感謝というのは究極のプラス思考です。感謝からプラス思考やプラスイメージが生まれてきます。このようにして自分の過去のマイナス経験をプラスに書き換えると、未来がプラスに変わります。そのために、愛のあるプラス語と感謝を常に意識して、口に出していくことが重要なのです。

◉仕事にプロ意識を持つ

●個人プレーとチームプレー

仕事はチームプレーでやるものです。野球やサッカーなどの団体戦と同じです。全員が勝利に向かって心を一つにしているチームと、各自が個人タイトルだけを目標にしているチームでは、どちらが大きな結果を出せるでしょうか？　当然、全員が同じ方向に力を合わせて戦っているチームのほうが、大きな結果を出せるに決まっています。

全員の力が同じ方向に結集すると1＋1が5にも10にもなるのです。それが仕事というものです。それがチームプレーの意味です。「自分だけ頑張っています」では意味がありません。みんなで力を合わせていくことで、仕事はうまくいくのです。

それぞれの持ち場で、それぞれの人が一〇〇％の力を出し合っていく。それが仕事というものです。そうなるためにも、自分自身がまず自分のレベルを上げていかなくてはいけません。

●自分は何のプロなのか

そうはいっても、「自分は何のプロなのか」が分からなくては話になりません。ここで、あなたは何のプロなのか、一行で書いてください。

私は［　　　　　　　　　　　　　　　　］のプロです。

自分が何のプロなのか？　それは「あなたは何の仕事でお金をもらっていますか？」ということです。

ある美容関係の社員研修の際に、同じ質問をしましたが、「美容のプロ」と書いている人はあまりいませんでした。「人をなごませるプロ」というようなフワッとした曖昧な書き方をしている人がたくさんいました。中には「人を笑わせるプロ」

と書いた人がいましたが、お笑い芸人ではないので、その答えは間違っています。

大切なのは、**「あなたは何によってお金をもらっているのですか？」**ということです。給料の高い安いの問題ではありません。勤続年数の問題でもありません。雇用形態の問題でもありません。勤続年数が一か月であろうが三十年であろうが、その仕事でお金をもらっている以上は、その仕事のプロであって当たり前なのです。

プロ野球選手やプロの歌手だけがプロなのではありません。営業の仕事をさせていただいて、それで給料をもらっているのであれば、「営業のプロ」であるのが当たり前です。経理をさせていただいて給料をもらっているのであれば、「経理のプロ」であって当たり前なのです。

●本物のプロとは？

プロである以上、自分のやっている仕事に説得力が必要です。わかりやすい例をあげて説明しましょう。

あなたが太ってしまって「ダルビッシュ選手みたいな体になりたい」と、スポーツクラブに行ったとします。そうしたら太ったトレーナーが出てきて、「私があなたの体をダルビッシュ選手のようにしてあげましょう」と言われたとします。そのときあなたはどう思うでしょうか？　「まず、その太った体を筋肉質に変えてから言えよ！」と思うのではないでしょうか。太ったトレーナーの言葉には説得力がありません。そういう説得力がないのはプロとして失格なのです。

では、自分はどうなのか？　と考えてみてください。あなたは自分の仕事について質問をされたときに、「私はまだこの仕事を始めて日が浅いので……」とか「経験したことがないので上司に聞いてみます」というような発言は、していないでしょうか？

質問をした相手は、あなたを「その道のプロ」と思って聞いているのです。それなのに曖昧な答えが返ってきたら、信頼しようと思ってもできません。

勤続年数は全く関係がありません。たとえば、店頭に立って販売をしている人が店長なのか新人なのか、お客様には分かりません。「新人」とか「研修中」というような名札をつけていれば話は別ですが、何もつけていなければ知りようがないのです。そのときに、「私は新入社員なので、ちょっとよく分かりません」と言ったとしたら、お客様はそんな人から商品を買いたいと思うでしょうか？

お店に立っている以上は、販売のプロでなくてはいけないのです。「あの人に聞いてください」などと言っているようでは話になりません。そんなレベルで給料をもらっているとしたら、給料泥棒と言われてもしかたがありません。

同じように、経理の仕事をしている人が計算間違いをするのはプロとして恥ずかしいのです。間違ったら修正すればいいと考えるかもしれませんが、そのレベルで給料をもらっていること自体がプロとしていかがなものでしょうか。もっとプロ意識を高めましょう。

果たして自分は、プロの仕事をしているかを自分に聞いてみてください。プロとして不足しているものがあると思ったとしたら、その足りないものを勉強や努力をして埋めることが、あなたが今やるべきことです。

自分は何によってお金をもらっているのかをよく考えてください。させていただいている仕事を完璧にやってこそ、プロなのです。

自分がプロとしてやっている道で、恥をかくのはやめましょう。専門的なことを質問されたときに、「プロだから当然です」と言えるようになってくださいね。

●あなたは誰の役に立っていますか？

一つの仕事をするときには、たくさんの人たちがかかわっています。身近なところでは同じ部署の上司や同僚や部下、アルバイトやパートの人たちがいます。あるいは他部門の人たちも関係していることでしょう。それだけではありません。メーカーであれば、原材料の製造業者や納入業者、商品の配送業者、仲買業者や小売店の人たちなどもいるでしょう。さらに広い意味では、商品を購入するお客様、その家族の人たちもかかわりがあると言っていいのです。あなたは、そうした人たち全員の役に立っているのです。

そういう視点で、自分がどういう人たちの役に立っているかをできるだけ多く次のシートに書き出してみてください。

仕事が発展すればするほど、その影響力は大きくなります。そのときに、今シートに書き出した人たちの笑顔や幸せを増やしていくために何ができるのかを具体的に考えてほしいのです。

たとえば、「仕事に直接役立つ本を、毎月必ず五冊は読む」「社外の勉強会に積極的に参加して人脈を広げる」「売上アップのアイデアを常に考えて上司に提案する」というように、自分の立場で何ができるかを考えてみてください。そして、それを具体的な行動に移してほしいのです。そうすると、自分の仕事力が上がります。

あなたが自分の仕事力を上げることは、会社の力を上げることにつながります。会社の力が上がると、もっとたくさんの人たちのお役に立つことができるようになります。あなたが自分の仕事力を上げようと一所懸命努力することで、あなたの周りにいるたくさんの人たちを笑顔にし、幸せにすることができるのです。それが「働く」という本当の意味です。「はた」が「らく」になるのですから。

あなたは誰の役に立っていますか？

あなたには、もっと何ができますか？

第五章

笑顔でありがとう！

◉当たり前なことこそ感謝すべきこと

●今の環境は自分が引き寄せた結果

これまで、感謝という言葉についていろいろと話してきました。感謝は本当に大切です。感謝が自分を幸せにする大きな源になるのです。

あなたは今自分がどれだけ恵まれた環境にいるのか気づいているでしょうか？環境というのは、職場や友達、住んでいるところなど、自分が身を置いているすべてを指します。

今の環境は自分が引き寄せた結果です。潜在意識に入れたことが実現してくるという話をしましたが、職場や自分が住んでいるところなど、とにかく自分が身を置いている環境はすべて、あなたが引き寄せた結果なのです。

もし今のままでは満足できないというのならば、自分の行動や言葉をプラスに変えてください。自分が成長すると、どんどん周りの環境が変わります。逆に言えば、自分が変わらない限り、何も変わりません。すべては自分次第です。だから自分自身をプラスの方向に変えていくことが重要なのです。

●行動をプラスに変えたら人生が変わった女性の話

私のスクールの受講生の話をさせていただきます。彼女は五年ほど前に脳梗塞にかかりましたが、症状が軽度だったため入院せずに薬を飲みながら仕事を続けていました。しかし、どこかで無理をしていたのでしょう。大きな仕事が成功した直後に倒れてしまい、一か月の入院生活を余儀なくされました。

退院後、彼女は自分の生き方、働き方を考えるようになりました。それまでの彼女は自分が女性であるという意識が薄く、お化粧もおざなりで、ダイエットからも目をそらし、「髪は仕事に不要だから坊主で結構」というほど男化していました。

その頃、偶然に『女磨きの心得』という私の本を書店で手にとり、スクールのことを知って受講の申し込みをしてくれたのです。

彼女は自分では明るく物事を考える方だと思っていたそうですが、講座に出てみると全く違っていることに気づきました。同時に、それまでの長い人生で溜まりに溜まった潜在意識の中のマイナスが、自分の未来に大きな影響を与えることを知り、愕然としました。

そこから彼女は変わりました。「絶対にきれいになる」「もっと魅力的になる」といったプラスの言葉を手帳に書き込んで、「感謝の気持ちを持って仕事に全力で取り組む」「笑顔でプラスの言葉を発する」「女性らしく花のようにふるまう」「花色の服を着る」など、講座で学んだプラスの行動を一つひとつ実践していったのです。

長年こびりついた思考や行動の癖はなかなか抜けず、すぐには変わりませんでしたが、一年半くらい経過した頃、周りの人たちから「きれいになりましたね」「会うと元気になります」「いつも笑顔でいいですね」と言われるようになりました。娘さんからも「同級生からママのことほめられた」と言われました。実際、彼女は講座を受け始めたときより十五キロもやせていました。お化粧も楽しくなり、髪も伸ばして、服装にも気を使うようになっていました。

仕事の面でも「周りの人たちは全員協力者だ」と思えるようになり、感謝の気持ちが湧いてくるようになりました。すると、周囲の雰囲気が一気に変わるのが分かったといいます。ちょうどそのタイミングで彼女の昇進が決まりました。周りの後押しで、一つ上のチャンスを得ることができたのです。

彼女は今、「以前には感じたことのない周りへの感謝の思いと、自分への自信を実感できるようになりました」と言っています。そして「せっかく女性として生まれてきたのだから、女性らしい働き方をして社会で自分の力を十分に生かし、優しい心遣いで周りを明るくできる女性になりたいと思います」と笑顔で話しています。自分が変わることによって周りがプラスに変わり、彼女の人生も変わったのです。

こういう実例は他にもたくさんあります。自分自身がプラスに変わると、周りの環境がプラスに変わるのです。周りの環境をよくして自分のレベルを上げるには、まずプラスの方向に自分が変わること。「周りの人が変わってくれたら」なんて大間違いです。「周りを変えよう」というのは間違っています。**あなたが変わらない**

限り、周りは変わりません。あなたが変われば、周りも変わります。シンプルなことです。

●「十年後の自分」から「現在の自分」をチェックする

今の自分と十年後の自分という話を少しだけします。

あなたが「十年後に素敵な自分になりたい」と思っているのであれば、「十年後のなりたい自分」という明確なビジョンを持ってください。

そして「十年後の自分」から「今の自分」をいつもチェックするようにしましょう。十年後のなりたい自分があるのに、今ぼんやりしていてそこに行けるかということをいつも自分に聞いてください。

人はもれなく下りのエスカレーターに乗っているという話をしました。下りのエスカレーターですから、ぼんやり乗っていると十年後は間違いなく今より下がっています。ただ十歳年を取って終わりです。

そうならないために、「十年後こうなりたい」という目標を設定して、そのために今の自分が何をしなくてはいけないのかを考えて実行してください。

十年というのは一年×十回です。一年というのは一日×三百六十五回、一日というのは一時間×二十四回、一時間というのは一分×六十回です。つまり、今の一瞬一瞬をぼんやりしていて、十年後いきなり幸せになれるわけがないということです。

この目の前の一瞬一瞬を大切にして全力をあげない限り、十年後に幸せになることはありません。日々、老化していくだけです。みんな下りのエスカレーターに乗っているのですから。

十年後に幸せな自分、素敵な自分、人から憧れられる自分、なりたい自分になっていたいのであれば、十年後のビジョンを明確にして、目の前にあることに全力をあげてください。そして、今の自分を十年後の自分からチェックして、今のままで素敵な自分になれるかどうかを考えましょう。

十年はあっという間です。のんびりやっていたら、すぐに十年が過ぎてしまいます。一瞬一瞬、一日一日を大切にして、充実させていきましょう。せっかくこの世に生まれてきたのだから。

この一日の積み重ねが、あなたの十年後をつくります。今、目の前にあることに全力をあげて、自分が思い描く幸せな自分、素敵な自分になりましょう。

十年後の自分の姿を明確にして、そこから今の自分を見て成長することを英語で「フューチャー・プル（future pull）」と表現します。**未来の素敵になっている自分が、今の自分を引き上げてくれる**のです。そして、十年後に素敵な自分になっているためには、明るく、幸せいっぱいの「なりたい自分」の姿をいつもイメージして笑顔でワクワクしながら生活することが大切です。

十年というのは一年×十回です。一年というのは一日×三百六十五回、一日というのは一時間×二十四回、一時間というのは一分×六十回です。つまり、今の一瞬一瞬をぼんやりしていて、十年後いきなり幸せになれるわけがないということです。

◉感謝の反対語は「当たり前」

●今ある幸せ、感謝すべきことに気づく

十年後の自分をイメージするのと同時に、今ある幸せ、感謝すべきことに気づきましょう。私たちが今日あるのは、お客様や取引先はもちろん、職場の仲間や家族、周りの多くの人の協力のおかげです。自分だけでここまできたわけではありません。感謝の気持ちを持つことで、自分の心が明るく美しくなります。その結果、人生そのものが明るく開かれていきます。感謝する心は、幸せの呼び水なのです。

感謝の反対語は「当たり前」です。「当たり前」だと思ってしまった時点で感謝はなくなります。そこをしっかり分かっていただくために、次のシートを用意しました。

シートを見てください。「今の自分が持っているもの」というタイトルがあって、

今の自分が持っているもの	
日常生活	
仕　事	
人間関係	
品　物	
そ の 他	

その下に五つの枠があります。それぞれの枠には「日常生活」「仕事」「人間関係」「品物」「その他」という項目が書いてあります。このそれぞれの項目に合わせて「今の自分が持っているもの」について書き出してください。

先ほど大きな字で濃く書くという話をしましたが、ここは小さい字でできる限りたくさん書いてくださいい。矛盾してしまいますが(笑)、ここはそういうワークだから。

ここには「当たり前」だと思っているレベルのことを、できる限り細かくたくさん書いてみてください。たとえば「目が見える」「耳が聞こえる」「二本足で歩ける」「食べ物を胃が消化してくれている」「住む家がある」「布団で眠れる」「電気がつく」「車がある」など、当たり前だと思っていることを書き出してもらいます。

たとえば、「仕事」の項目で「仕事道具を持っている」と書くとすれば、その道具が何かまで具体的に細かく書いてください。「金づち」とか「シャープペンシル」という具合です。「人間関係」の項目には、「小学校時代からの親友○○さん」「仕事でお世話になっている○○さん」など。「人と打ち解けるのが得意だ」というような長所を書いてもかまいません。シートを使って、できるだけ細かく書いていってください。

このように書いていくと、自分が意識していなかっただけで、いかに恵まれているかに気づけるはずです。

何か不平不満が出てきたときや、落ち込む出来事があったときには、ぜひこのシートを見直してください。自分はこんなに恵まれているのに、不平不満を言っている場合ではない、落ち込んでいる場合ではないと気づけますよ。

また、これからも「ああ、これもあった」と思ったら、どんどん書き足していってください。そして、書き出してもらった一つひとつのことに感謝をしてほしいのです。「当たり前」と思っていることを「感謝」に変えていきましょう。

「当たり前」の反対は「感謝」です。「ありがとう」の反対語は「当たり前」です。

これに気づくと、人生が大きく好転します。

逆に言えば、この世の中に当たり前のことなど一つもないのです。当たり前だと思っていることこそ、大きく感謝すべきことです。空気や水があるのは当たり前のように思いますが、空気や水がなくなったら私たちは生きていけません。そう考えれば、空気や水があるのは決して当たり前ではなく、感謝すべきことなのです。

ぜひ一つひとつを、当たり前から感謝に変えてください。それによってあなたの心が温かくなり、幸せな気持ちでいっぱいになりますから。

◉笑顔の力と「ありがとう」のエネルギー

●よいことも悪いことも、すべて自分が蒔いた種

まとめに入ります。ここでまずお話しするのは「幸せの発信源になろう」ということです。

自分の中にお花の種があって、その種を私たちはいつも蒔いていると思ってください。**自分の発している言葉、行動、態度、これらはすべて種を蒔いているのと同じこと**です。

たとえば、「ありがとう」とか「嬉しい」「楽しい」「幸せ」というようなプラスの言葉の種を蒔いている人は、やがてそれが発芽して自分の周りがヒマワリやチューリップのお花畑になります。

一方、「なんでこんな仕事をしなくちゃいけないんですか」「あのお客さん、むか

つく」「このご飯、まずい」など、そういう不平不満、悪口、グチなどのマイナス語を口にしている人は、悪いマイナスの種を蒔いているので、やがてそれが発芽をして自分の周りがニガウリや唐辛子の畑になるのです。

「自分が蒔いた種」という言葉を聞いたことがあると思いますが、その蒔いた種は、自分が刈り取らなければいけません。あなたがどんな種を蒔いているのかは、自分の環境を見ればわかります。自分が蒔いた種が、あなたの置かれた環境となって現れているのです。

最初に「人は幸せになるために生まれてきている」という話をしました。そして因果応報の話もしました。まさにこれです。すべての原因は自分自身なのです。

自分が蒔いた種が原因で、その種が発芽して花を咲かせます。そして、その花はあなたの結果です。

原因を作っているのは、あなた自身です。そして、出てくる結果も、すべて自分が蒔いた原因という種が生んでいるのです。花や果実は、その結果です。

そのことをしっかり意識して、**自分が満足のいかない環境にいると思う人は、今**

日から蒔く種をプラスの種に変えてください。それによって、あなたの未来が明るく楽しくなります。

今まであなたがどれだけ不平不満を言っていようが、どれだけマイナスな考え方をしていようが、どれだけ不幸だと感じていようが、一切関係ありません。今日から蒔く種を変えれば、未来は変わるのです。

ですから、今日からはプラスの種を蒔くように意識してください。

●幸せの発信源になろう！

今日からは、人と会ったらその人のよいところを発見するように意識してください。どんな人でも一個は、必ずよいところがあります。よいところを見ようと意識をすれば、だんだんそこに目が行くようになります。

そして、**よいところを発見したら、口に出してほめてください**。「そのブラウス、可愛いね」とか「そのネクタイ、素敵だね」というように口に出してほめるようにしてください。

よいところを見ようと意識して、それを見つけたら口に出してほめるというのは、プラスの思考習慣をつくるトレーニングの一つです。人のよいところをほめることによって、ほめられた相手は脳に幸せのホルモンが三〇％増えると言われています。一方、ほめた自分の脳には、幸せのホルモンが七〇％も増えるそうです。

ほめられた相手もほめた自分も幸せになる方法が、この「人のよいところを口に出してほめる」という方法です。

逆に、**誰かからほめてもらったときには「ありがとうございます」と答えて自分の心の栄養にしてください**。ほめられると、だいたいの人は「そんなことないです」とか「とんでもないです」と言います。本人は謙遜しているつもりなのでしょうが、ほめられたときに「そんなことないです」「とんでもないです」と言うと、せっかくのほめ言葉をブロックすることになります。ですから、ほめてもらったら必ず「ありがとうございます」「ほめていただいて嬉しいです」というようなプラスの返事をしましょう。

私たち日本人は、人の長所を口に出してほめるのが苦手です。ほめられて「あり人のよいところをほめることによって、ほめられた相手は脳に幸せのホルモンが三〇％増えると言われています。一方、ほめた自分の脳には、幸せのホルモンが七〇％も増えるそうです。

がとうございます」と言うのも苦手な人が多いようです。でも、あえてそれをするようにしてください。それが自分の思考習慣をプラスにしていきますから。

●笑顔は顔立ちを超える

ここでちょっと目をつぶって、お取引先や友達、親族など、できる限り多くの人の顔を思い出してください。

今思い出していただいた人たちは、だいたい二種類に分かれるはずです。笑顔の人とブスっとした顔の人の二種類です。

笑顔の人は、いつも笑顔であなたに接している人です。ブスッとした顔の人は、いつもブスッとした顔であなたに接している人です。

自分が落ち込んだときに、笑顔の人とブスッとした顔の人、どちらの人と会いたいでしょうか？　当然、笑顔の人でしょう。つまり、笑顔の人には、人が集まってくるのです。

人が集まってくるということは、いろいろなよい情報が寄ってくるということです。「この本、読んで面白かったから読んでみたら」とか「このレストラン、美味しかったから今度一緒に行こうよ」というように、よい情報が自然と寄ってきます。

これを逆から見ると、自分のことを誰かが思い出してくれたときに、あなたの笑顔を思い出すのか、ブスッとした顔を思い出すのか、どちらでしょう？　どちらの顔を思い出してくれるかによって、あなたの未来には大きな違いが出てきます。

人が寄ってきてくれる人になりましょう。そのためには、笑顔のあなたを思い出してもらわなくてはなりません。「いつも笑顔で人と接してください」というのは、こういう意味です。

笑顔には、ものすごい力があります。悲しいこと、辛いことがあったときに、笑顔を心がけると、心の底から元気が湧いてきます。

楽しいときに笑顔になるのは、誰でもしています。でも、**悲しいことや辛いことがあったときこそ、笑顔を心がけるようにしてください。**そうすると、笑顔が自分の心をプラスの方向に向けてくれます。

悲しいときに悲しい顔をしているのは普通です。それではダメなのです。悲しいことや辛いことがあったときこそ、ぜひ笑顔を心がけてください。そして心の中から元気を出していきましょう。

私が大好きなタレントさんがいます。石ちゃん。分かりますか？　グルメリポーターの石塚英彦さんです。私は石ちゃんの出る番組は全部録画して見ています。石ちゃんは、別にイケメンではありません。けれども、石ちゃんの名前を聞くと、誰でも満面の笑顔を思い出すはずです。その笑顔で「まいうー」と言って本当に美味しそうにご飯を食べます。

コメント力もとても高いので、勉強になります。食べ物を食べて「美味しい」と言うのは誰でも言えます。でも、「美味しい」を「美味しい」以外の言葉で表現するのはなかなか難しいことです。石ちゃんは表現力がものすごく高いので、私は「石ちゃんノート」というのをつくって、石ちゃんのコメントをメモしています。

笑顔がいっぱいの石ちゃんには、仕事もいっぱい寄ってきます。グルメリポーターの中では、ダントツの一位です。「石ちゃんと働きたい」とか「石ちゃんがお店に来てくれて嬉しいです」という人もたくさんいます。あの笑顔に幸福が寄ってくるのです。

もちろん、陰では努力をしているそうです。私は石ちゃんの番組にかかわっている方たちを知っていますが、農家の皆さんやレストランの方たちはもちろん、食材の勉強を相当して、取材に行っているそうです。その人たちのつくった食材や料理のよさを伝えるのが自分の仕事。石ちゃんにとってグルメリポートは「単に味を伝えるのではなく、その料理に携わったいろいろな方の努力や苦労に、感謝状を届けるような気持ち」なのだそうです。それぐらい愛情を持って仕事をしています。その努力、愛情はテレビ画面からも伝わってきます。


ここで知っておいていただきたいのが「笑顔は顔立ちを超える」ということです。自分が不細工だと思っているのであれば、絶対に笑顔を心がけてください。自分のことをイケメンだと思っていなかったとしても、笑顔を心がけたほうが絶対に人生は得します。笑顔の人に、人や幸福が集まってくるからです。

私は女性向けの研修でこの話をよくするのですが、そのときに**「ブスッとしてい**

るからブスになる」と言っています。これは絶対に覚えてほしい標語のようなものです。「ブスッとしているからブスになる」。自分がブスだと思っている上にブスッとしていたら救いようがありません（笑）。

ですので、幸せになりたいのであれば、ぜひ笑顔を心がけてください。笑顔は顔立ちを超えるのです。

●ありがとう増量キャンペーン

いつも笑顔で人に接するということとともに、もう一つ意識してほしいのは言葉です。これまでに言霊の話をしましたが、**「ありがとう」という言葉が、地球上で一番エネルギーの高い言葉**です。ですから、「ありがとう」という言葉を、ぜひたくさん口に出して言うようにしてください。

男の人はよく、「ありがとう」という意味で「どうも」と言ってみたり、「すみません」という言葉で代用したりします。

エレベーターの「開く」のボタンを押して待っていると、だいたいの人が「すみません」と言って乗ってきます。どうして「すみません」と謝るのでしょうか。人が何かをやってくれているときには「ありがとう」と言うべきですよね？

また「どうも」を「こんにちは」の代わりに使う人がいますが、好感が持てません。「ありがとう」と言いたいのなら「どうも」ではなくて「ありがとう」と言ってください。「こんにちは」と言いたいのなら「こんにちは」と言ってください。

言葉は正しく使いましょうね。


潜在意識に「すみません」をたくさんため込む人と、「ありがとう」をため込む人とでは、出てくる現実が違います。ぜひ「ありがとう」をたくさんためましょう。


そんなに「ありがとう」を言う機会がないと思う人もいるかもしれませんが、そんなことはありません。「ありがとう」と言うべき場はいくらでもあります。

たとえば、今日のお昼にごはんを食べたとします。

まずお米一つとってみても、お米を作ってくれている農家の皆さん、それを流通に乗せてくれている皆さんがいるから、私たちはお米屋さんやスーパーでお米を買うことができます。

また、炊飯器を製造してくれている皆さんがいるから、私たちはお米を炊く準備だけすればいいのです。

そして、お米を炊くためには、水道やガス、電気といったものが必要ですが、それらを供給してくれる皆さんがいます。炊き上がったお米を食べることができるのは、お茶碗やお箸などを作ってくれている皆さんがいるからです。

そんなふうに考えていくと、ごはん一つとっても大変な数の方々のお世話になっていることに気づきます。感謝すべきことがたくさんあるのです。「ありがとう」を言う機会はいくらでもあるということです。

地球上には、今、私がこの話をさせていただいている時間にも、餓死している人たちがたくさんいます。それなのに、「ごはんがまずい」と残したり、捨てたりしている人がいるのも事実です。どう思いますか？

地球上には今、七十億人くらいの人がいますが、その中で衣食住が足りている人間はわずかだそうです。

そして、その中にほとんどの国民が入っている国があります。私たちの日本国です。日本だけは、ほとんどの国民の衣食住が足りているのです。

こんなに恵まれた国は、日本だけなのです。そんな恵まれた国に、生まれ育っているのにもかかわらず、不平不満を言ってはいないでしょうか。仕事がない人がいるのに、仕事の不平不満を言ったり、家がない人がいるのに、家の不平不満を言ったりしてませんか？

繰り返します。「ありがとう」と言うべき場はいくらでもあるのです。そこに気づいてください。

その手始めとして、先ほど表に書いてもらったすべてのことに、一つひとつ感謝してください。そこから自分自身の人生が開けていきます。

それから、**「ありがとう」は、ちゃんと声に出して言ってください**。心の中で「ありがとう」と思ってもあまり意味はありません。繰り返しますが、「ありがとう」は地球上で一番エネルギーの高い言葉です。「ありがとう」という言葉が人生に与える影響は非常に大きいのです。

私は、寝る前に百回ぐらい「ありがとう」と言ってから寝ます。

たとえば、私は研修の仕事をしていますから、しっかり声が出なくては困ります。ですから、喉に手をあてて「ありがとう」と言っています。また、頭が回転しないと話しながら考えることができませんので、頭に手をあてて「ありがとう」と言っています。そのように、お風呂の中で、自分の体の一つひとつに「ありがとう」と言っています。

喉や頭も「そんなふうに感謝してくれるのなら、明日も頑張ろう」と思ってくれているのではないでしょうか。ですから、私はどんなに風邪が流行っていようが、風邪で倒れたことはありません。体に何も感謝をしていないのと、感謝をするのとでは全然違うと思います。

もしも今日一日「ありがとう」を言う回数が少なかったなと思ったら、寝る前に「ありがとう」と百回唱えてから寝てください。毎日、意識して楽しみながら「ありがとう増量キャンペーン」をやってください。あなたによいことがたくさん起きますから。

今回の研修は、ここで終了とさせていただきます。どうもありがとうございました。

おわりに

プラス思考で、心身ともに元気に活躍するための研修は、いかがでしたでしょうか？　何度も申し上げた通り、とにかく「行動」あるのみです。よい話だなと思っても、実際に動かなければ、何も変わりません。

人は、生きているうちに生まれ変わることができるのです。すべては、あなたの努力&行動にかかっています。

私はたくさんのアドバイスはできますが、そのアドバイスを実行するのは、すべて受講されるご本人です。素直な心でアドバイスを聞き、努力&行動をした方が、どんどん成長を続けられるのです。

ですから、この本をお読みくださった皆さんにも、本の中にあることを、一つからでいいので、実行していってほしいと思っています。一つできるようになったら、次の一つを実行する。行動していただけば、確実によい変化が生まれるはずです。そのことは、これまで受講生の皆さんが結果を出してくださっているので、自信を持って言うことができます。

あとは、あなたが行動するかどうかです。

夢を叶えるのも自分、あきらめるのも自分。あなたの人生を幸せに出来るのは、あなた自身なのです。

私が人生と仕事の中心に置いているのは、「思いは実現する」と「この世に生きる目的は、魂を磨くこと」という、稲盛和夫塾長の教えです。

「『この世へ何をしにきたのか』と問われたら、私は迷いもてらいもなく、生まれたときより少しでもましな人間になる、すなわちわずかなりとも美しく崇高な魂をもって死んでいくためだと答えます。

俗世間に生き、さまざまな苦楽を味わい、幸不幸の波に洗われながらも、やがて息絶えるその日まで、倦《う》まず弛《たゆ》まず一生懸命生きていく。そのプロセスそのものを磨き砂として、おのれの人間性を高め、精神を修養し、この世にやってきたときよりも高い次元の魂をもってこの世を去っていく。私はこのことより他に、人間が生きる目的はないと思うのです」(『生き方』稲盛和夫)

私は稲盛塾長をはじめとする「『仕事の神様』にひいきされた方々」にご縁をいただき、導かれるようにこの人材教育の仕事をさせていただいています。

プラス思考を教え、多くの人たちを元気に励ましながら、受講生の皆さんの人生が好転した報告を聞き、感動の涙を流すことも多い。その一方、ときに悲しかったり悔しかったりして、涙を流すこともあります。毎日、反省をして、改良改善をしながら、私も成長を続けています。

プラス思考を教えている私にも、マイナスなことは起こります。ただ、そのマイナスなことが起きたときに、どうプラスに転じさせるのか？　そこで、プラス思考を知っている人と、知らない人の人生に大差がつくと私は思っています。実際に私自身の人生も、何度もプラス思考で救われ、大きく好転していますから。

だから、これからも、ご縁をいただく多くの人たちにプラス思考を教えて、心を磨いて、明るく楽しい人生に導いていきたいと思っています。そして「生まれてきて良かった」と、笑顔でしみじみ思っていただけるように。多くの方のお役に立てるように、笑顔で努力&行動をし続けます‼

実はこの本は、致知出版社の社員の皆さんに行った「モチベーションアップ研修」をまとめたものです。致知出版社のためにカスタマイズした内容で、研修で話しているときには、まさか本になるとは思ってもいませんでした。

ところが、致知出版社の藤尾秀昭社長が「この研修は、本にしてたくさんの人に知ってもらいたい」と言ってくださり、ライブ感あるこの本ができたのです。生の研修をまとめたもののため、私が熱く語っているその「熱」も感じていただけたのではないかと思います。

この本の出版に当たり、致知出版社の多くの方々からお力をいただきました。国立図書館なみの頭脳の持ち主で、鋭くも温かなまなざしで見守ってくださった藤尾秀昭社長。優雅な大人の気品と美しさ、知性があふれ出る柳澤まり子副社長。そして、バンビのように華奢《きゃしゃ》なのに、ガッツある山ガール、敏腕編集者の小松実紗子さん。

また、私の会社の「自分磨きスクール」の講座を受けてくださっている多くの受講生の皆さん、様々な企業の担当者や「社員研修」を受けてくださっている皆さん。

そして、いつも私に力を与えて支えてくれているシェリロゼの講師陣やスタッフ、盛和塾の先輩方、友人、家族など大切な人たち。

もちろん、私を導いてくださった「生きる神様たち」＝稲盛和夫塾長、松下幸之助さん、船井幸雄先生。さらに、八百万の神の中におられる「仕事の神様」とのご縁に、無限大の感謝をしています。

この本を読んでくださったあなたの人生に、たくさんの幸せが降り注ぐことを願っています。いつか、実際にお会いできることを、楽しみにしています。ご縁に感謝。

二〇一六年十一月吉日

シェリロゼ　井垣　利英

〈著者略歴〉
井垣 利英（いがき・としえ）
株式会社シェリロゼ 代表取締役、人材教育家、マナー講師
名古屋生まれ。中央大学法学部卒業。フリーアナウンサーなどを経て、'02年に起業。マナー、話し方、プラス思考、メイクなど、内面・外見トータルの「自分磨きスクール」を東京と名古屋で開催。企業での「社員研修」を含め、年100本ほどセミナー・講演会等を行っている。テレビ、雑誌などの取材多数。著書は13万部を突破した『しぐさのマナーとコツ』（学研）、近著『なりたい女になる力』（三笠書房）など多数。
公式 HP：http://www.c-roses.co.jp/
ブログ：http://ameblo.jp/cherieroses/

仕事の神様が〝ひいき〟したくなる人の法則

平成二十八年十一月三十日第一刷発行
令和元年八月三十日第三刷発行

著者 井垣 利英
発行者 藤尾 秀昭
発行所 致知出版社
〒150-0001 東京都渋谷区神宮前四の二十四の九
TEL（〇三）三七九六―二一一一
印刷・製本 中央精版印刷
落丁・乱丁はお取替え致します。（検印廃止）

ISBN978-4-8009-1133-9 C0034
ホームページ http://www.chichi.co.jp
Eメール books@chichi.co.jp

いつの時代にも、仕事にも人生にも真剣に取り組んでいる人はいる。
そういう人たちの心の糧になる雑誌を創ろう——
『致知』の創刊理念です。

私たちも推薦します

稲盛和夫氏　京セラ名誉会長
我が国に有力な経営誌は数々ありますが、その中でも人の心に焦点をあてた編集方針を貫いておられる『致知』は際だっています。

王 貞治氏　福岡ソフトバンクホークス取締役会長
『致知』は一貫して「人間とはかくあるべきだ」ということを説き諭してくれる。

鍵山秀三郎氏　イエローハット創業者
ひたすら美点凝視と真人発掘という高い志を貫いてきた『致知』に、心から声援を送ります。

北尾吉孝氏　SBIホールディングス代表取締役執行役員社長
我々は修養によって日々進化しなければならない。その修養の一番の助けになるのが『致知』である。

渡部昇一氏　上智大学名誉教授
修養によって自分を磨き、自分を高めることが尊いことだ、また大切なことなのだ、という立場を守り、その考え方を広めようとする『致知』に心からなる敬意を捧げます。

致知BOOKメルマガ（無料）　致知BOOKメルマガ　で　検索
あなたの人間力アップに役立つ新刊・話題書情報をお届けします。